洛克菲勒传

李慧君◎著

時代文藝出版社

图书在版编目（CIP）数据

洛克菲勒传 / 李慧君著. —长春：时代文艺出版社，2016.4（2023.7重印）

ISBN 978-7-5387-5119-2

Ⅰ.①洛… Ⅱ.①李… Ⅲ.①洛克菲勒，J.D.（1839～1937）－传记 Ⅳ.①K837.125.38

中国版本图书馆CIP数据核字（2016）第001757号

出 品 人　陈　琛
责任编辑　李贺来
助理编辑　孙英起
装帧设计　孙　利
排版制作　隋淑凤

洛克菲勒传

李慧君　著

出版发行 / 时代文艺出版社
地址 / 长春市福祉大路5788号　龙腾国际大厦A座15层　邮编 / 130118
总编办 / 0431-81629751　发行部 / 0431-81629755
官方微博 / weibo.com / tlapress　天猫旗舰店 / sdwycbsgf.tmall.com
印刷 / 北京市一鑫印务有限公司
开本 / 710mm×1000mm　1 / 16　字数 / 144千字　印张 / 12
版次 / 2016年4月第1版　印次 / 2023年7月第3次印刷 定价 / 36.00元

目 录
Contents

序言　石油大王的一生 / 001

第一章　别样的家庭

　　1. "万能"的父亲 / 002

　　2. 虔诚的母亲 / 005

　　3. 天生的商才少年 / 008

　　4. 求学时代 / 010

第二章　初出茅庐

　　1. 第一份工作 / 014

　　2. 私人账簿 / 016

　　3. 第一笔自作主张的生意 / 018

　　4. 父亲的经商课 / 020

　　5. 第一个公司——经纪商行 / 023

　　6. 战争中的财富 / 025

第三章　商界的拿破仑

　　1. 适时出手的人生信条 / 030

　　2. 新搭档安德鲁斯 / 032

　　3. 公司拍卖 / 035

4. 无师自通的商人 / 037

5. 新一代企业家 / 040

6. 年轻的百万富翁 / 041

7. 洛克菲勒的宅院 / 043

8. 福里斯特山的生活 / 046

第四章　商业巨人

1. 志同道合的助手 / 050

2. 愚蠢的安德鲁斯 / 054

3. 毫不手软的手段 / 056

4. 全美最富有的人之一 / 060

5. 第一摩天大楼 / 063

6. "心狠手辣"的标准石油公司 / 065

7. 以不变应万变 / 069

第五章　商业巨头的优秀品质

1. 堪称楷模的好名声 / 074

2. 宗教与资本的融合 / 076

3. 敏感多疑的性格 / 078

4. 精打细算的"簿记员" / 082

5. 彬彬有礼的老板 / 087

6. 成功的人事管理 / 092

第六章　幸福的婚姻生活

1. 性情相投的爱人劳拉 / 098

2. 奢侈的订婚钻戒 / 101

3. 喜结连理 / 104

第七章　独生子的出生

1. 姗姗来迟的爱子 / 108

2. 小洛克菲勒的童年 / 110

3. 严格的家庭教育 / 113

4. 小洛克菲勒的大学时代 / 116

5. 倾心爱侣共缔良缘 / 118

第八章　美好的家庭生活

1. 洛克菲勒家的基督精神 / 126

2. 年迈的双亲 / 130

3. 洛克菲勒的弟弟妹妹们 / 132

4. "楷模"般的妻子 / 137

5. 洛克菲勒的孩子们 / 139

6. 美满的家庭生活 / 145

第九章　慈善生活

1. 一生中的十字路口 / 150

2. 热心的慈善家 / 152

3. 投资创办学院 / 156

4. 造福全世界的人类 / 160

5. 洛克菲勒家族与中国的情缘 / 161

6. 慈善社会卫生局 / 163

7. 移交给儿子的财富 / 165

第十章　一代商业巨星的陨落

1. 安详自在的晚年生活 / 170

2. 长寿的秘诀 / 173

3. 抵达生命的终点 / 175

4. 发讣告致哀 / 176

附　录

洛克菲勒生平 / 180

洛克菲勒年表 / 183

约翰·戴维森·洛克菲勒是全球公认的"石油大王"，也是美国现代商界最有争议的人物。他生平最大的特点是极为沉默寡言，给人的感觉总是莫测高深。人们绞尽脑汁却仍然很难把大家捕捉到的、各种不相同的洛克菲勒拼凑在一起，形成一个完整的形象。他一手掌管着当时全球最大的企业，又热心致力于慈善，一直以来，都是一位让人无法捉摸的传奇人物。

他一生都在其有意或无意打造出的各种角色以及种种神秘传闻下度过，因此，在世人心中他的印象千差万别：他是标准石油公司（美孚石油公司）的缔造者，虽然拥有过人的才华却十分贪婪；更有人觉得他是个性格乖僻、对人冷酷的倔老头，常被人看作假意施舍小钱并成功地以此进行公关策划。

纵观洛克菲勒的一生，他所做的所有事情，几乎都与他的标准石油公司的掠夺性经营相关。和当时许多站在时代最前沿的富豪一样，洛克菲勒有时会受到钟爱他的传记作者的赞颂，但更多的时候则是被对手尖刻地辱骂；在他身上，前一种人看不到任何应当予以口诛笔伐的东西，而后一类人则看不到任何值得赞赏的优点。能够受到这样的"礼遇"，大概是因为在他的身上，罪恶与神圣令人难以置信地和谐并存着。但是也有人认为，洛克菲勒的一生其实并没有诸多的变化，相反却是始终如一的。这位恪守《圣经》的洛克菲勒先生拥有的并不只是商界强盗的狡诈外表，同时，他也拥有一颗基督教徒的极其虔诚的心。

今天，随着人们主动推倒贸易壁垒的脚步，高度开放的市场经济得到了人们越来越多的认可，如今的世界也已经成了一个全球性的超级贸易市场，令地球村的居民们为之倾心。而重新回顾洛克菲勒的一生，我们将会重新回到美国工业资本"才露尖尖角"、游戏规则还不完善、市场秩序略显混乱的时代。洛克菲勒创建事业的过程，比其他人都更加充分、更加完美地体现出在美国南北战争之后兴起的，并且业已改变了美国人民生活的、影响了世界的资本主义革命。洛克菲勒的身上几乎体现出了这场革命的全部优良品德：坚持不懈的创业精神、刻苦勤奋、自立自强、节俭。当然，作为一个在那时的游戏规则中游刃有余的高手，作为一个以在商业竞争中打压欺凌对手同时又蔑视政府而闻名的人，洛克菲勒同样也代表了这场革命所产生的许多令人惊叹的恶行。

本书将带你走进洛克菲勒的生活，最大程度地将充满争议的一代天骄的一生展示给你。本书或许会令你更加困惑，令洛克菲勒那只有上帝才完全了解的生平更加充满神秘。但有一点可以肯定，本书可以让你见识到一个真实的洛克菲勒，哪怕仅仅只是一小部分。

第一章　别样的家庭

1. "万能"的父亲

在美国东北部的纽约州，有一个叫里奇福德的偏僻的务农小镇。1839年7月8日，在镇上一个普通农场的一所小房子里，一个男婴出生了。他嘹亮的哭声在农场的旷野上空回荡着，给平静的大自然增加了几分生机。这个孩子就是后来成为世界商业巨子、美国石油大王的约翰·戴维森·洛克菲勒。

约翰的父亲叫威廉·艾弗里·洛克菲勒。威廉身材魁梧，寡言少语，不熟悉他的人会以为他是一个忠厚老实的人。但实际上，威廉却很富于心计，只是平时不怎么表露出来罢了。而邻居们因为不知道威廉的真实性格，都把他当作一个老实人，还亲切地称他为"大个子比尔"（在国外，许多英文名字都有简短的昵称，比尔是威廉的昵称）。

虽然比尔在老家有一些田地，但他并不甘心做一个安分守己的农夫，整日在田地里讨生活。于是，他把家里的田地交给附近的佃户去耕作，自己则去外面四处游历、经商。在这个封闭、落后的小镇里，邻居们总是对"大个子比尔"的外出经历特别感兴趣。

大家都知道他一离开家，最少要好几个月的时间才能回来，而他回来时总是满载着华美的服装和醇香的美酒，还有很多健壮的马匹，人们听说他可能是做草药生意的。可事实上，比尔主要靠行骗度日，他的职业是推销杂货和四处装医生行骗，有时还倒卖田地、买卖动物、贩卖私盐，甚至还推销过"包治百病"的假草药。"大个子比尔"简直可以称得上是一位"无所不能先生"。

就在约翰出生的时候，比尔的各项"事业"刚有起色，他购买了这里价格低廉的土地。大概4年以后，比尔积攒了1000美元，在凯尤加县摩拉维亚的附近，买下了一座农舍和几十英亩的土地，还结清了自己的银行贷款。

年纪尚小的约翰当时也只知道自己的父亲是一个超级魔法师，比如，把1美元放在他的衣袋里，第二天就会变出2美元来。而且每次外出回来，比尔都会给他带来各种各样稀奇的小玩意儿。

等约翰稍微长大一点后，才从母亲那里知道，父亲似乎是个医生。有一次，约翰还曾无意间发现了父亲"包治百病"的药方：一天夜里，约翰起床去小解，出门没走几步，突然被绊倒了。他发现，院子里有很多野藤和树枝，远处，父亲正在忙碌着。可专心做事的比尔根本没注意这边的动静，只见他用脚踩着野藤蔓，两手拿着锯麻利地来回锯着，干得满头大汗，一会儿工夫旁边就有了一堆野藤蔓。接着他停下来，把锯好的藤蔓放到一个石槽里捣成泥状，然后再搓成大小相同的"药丸"，放进写有"治癌特效神药"的袋子里。一转眼，比尔就成了"治癌专家"。

接下来的一段时间，比尔开始马不停蹄地去全州各地散发包治百病的街头小传单，传单上印着让人怦然心动的骗语：治好癌症、无名肿毒等疑难杂症的绝佳机会就在眼前，治癌专家威廉·埃弗里·洛克菲勒博士特来此地行诊3天，除晚期癌症外，服用博士特制的药丸均可药到病除，只需25美元……"当然，真正信这些的人毕竟是少数，比尔并没有因此赚到多少钱。

1843年秋，也不知道比尔靠什么方法挣得一笔钱，然后带着全家迁往并定居在摩拉维亚。但是比尔并没有老老实实地待在家里，而是雇了长工耕种土地，他则改行去买卖木材。比尔工作非常勤奋，常常受到人们的赞扬。另外，此时手头富裕的比尔还开始热衷于社会公益事业，曾积极地为附近的学校和教会募捐。在这段时间，比尔似乎真的想要一心向善了，他甚至还参加了禁酒运动，并戒掉了自己的酒瘾。

1843年冬，寒冷一夜间侵袭而来，可谓是滴水成冰，同时天降大雪，屋外已是一片白雪皑皑的世界。比尔和木材工人们依旧照常工作。比尔每天清晨就离开家，带着那些从北欧移民来的工人，步行到附近的原始森林中砍伐木材。等到天快黑时，他们就把伐下的木材运到河边堆放存积起来，等到第二年春天冰消雪融时，再把它们统一扎成木筏，顺着河流运到别处。每当那个时候，人们就会听到河岸边响起雄壮的号子声，以及伐木工人们开心的歌声。这声音会久久地在密林和山谷之中回响，和阵阵的松涛声汇合在一起，构成了一曲雄壮的自然交响乐。

比尔在买卖木材的空闲时间，有时也会将自己做生意的经验说给儿子约翰听。后来约翰回忆说："在摩拉维亚镇生活的前几年，父亲常常会带我去伐木工地上玩。那时，他教给我怎么辨别上好的山毛榉和硬槭木（树的种类）。他说只选坚硬而笔直的木材，不要只凭树的大小来判断，那样你只会得到一些'朽'木。这对我来说是个很好的训练。"

比尔的主要工作是做木材生意，同时他还在收费道路行业上进行投资。当时的美国刚刚发展不到60年，道路远不像今日那样四通八达、十分便利，许多泥泞的土路难以行车。为了便于马车行驶，人们开始模仿古罗马人的做法，在路上铺设石板、石子或者原木等。比尔很看好收费道路的前景，因此大量购买了道路铺设公司的股票，从中获利。比尔是很有远见的，这些股票确实让他狠赚了一笔。

然而，这样的好日子没有持续多久，1849年，比尔碰上了一件令他焦头烂额的麻烦事——他犯了强奸罪。家里的女佣安尼·凡德比克小姐控告他，说比尔在一个深夜强暴了她。由于罪行败露，比尔为了不受牢狱之灾，只好躲进了深山里。

比尔犯事逃走以后，就不敢在公开场合露面，只是每隔一段时间，在夜深人静之时以石击窗为暗号偷偷潜回家，看望自己的妻子和孩子们。后来，比尔变卖了他在摩拉维亚的全部财产，举家迁到了纽约州奥斯维戈的一个偏远山村，并且在那里住了3年。

2. 虔诚的母亲

约翰的母亲艾丽莎·戴维森与比尔的个性可以说是完全相反。她是个金发碧眼的美女，出身于苏格兰一个富农的家庭。她虽然接受的教育并不多，然而由于天资聪颖，靠着自学依然掌握了不少知识。

约翰的父亲浪荡不羁，母亲艾丽莎却是一个十分虔诚的基督教徒，在道德上严格要求自己，并且性格非常坚强。她勤劳、朴实、节俭，对子女们的管教十分严格。母亲的这些美德和坚定的宗教信念对约翰产生了深刻的影响，教给约翰很多做人的道理。约翰从父亲那里继承了经商的天分，在母亲的培养下，则养成了很多优秀的品格，这一切都为他日后成功经商打下了基础。

　　关于父母的婚姻，约翰也是从母亲这里听说的。约翰的父母是在一间教堂相遇的。那时，比尔用稀奇古怪的小玩意儿吸引了艾丽莎的注意，然后他又使出各种"狡诈"的手段，甚至还装聋作哑去打动艾丽莎的芳心。单纯的艾丽莎完全被比尔那套粗陋的骗术给蒙蔽了，她认为比尔是个热情、善良又坚强的残疾人，并叹息说："如果他不聋不哑，我一定要嫁给他！"比尔听她这么说，马上去掉了自己的伪装，趁热打铁，继续向艾丽莎发动攻势："亲爱的艾丽莎，嫁给我吧。"

　　艾丽莎吃惊之余，更是哭笑不得。后来，虽然她发现比尔的言行中存在着一些欺骗和谎言，但她仍然不顾一切地陷了进去。艾丽莎被比尔的魅力所吸引，迅速地坠入了他精心编织的情网中。

　　没过多久，艾丽莎就不顾家人的强烈反对，毅然决然地嫁给了比尔，奔向了自己想象中的幸福生活。然而这美好的幻想很快就被比尔无情地打破了，他们结婚没多久，比尔就把以前的情人南希·布朗带进了他们狭窄的屋子，名义上称南希为"管家"。可之后，南希就在这个房子里为比尔生儿育女。

　　艾丽莎本就涉世不深，再加上从小受到教义的约束，因此即使对插足自己婚姻的第三者，她也显得格外容忍。或许，以她对教义的理解来看，这是她违背家人忠诚的劝告而应得的惩罚吧。

　　之后，艾丽莎常常孤独一人被比尔抛弃在家里。每天，比尔还是那样浪荡在外，四处招摇撞骗。出门前，他会交代艾丽莎，家里需要买什么东西时可以去附近的杂货店里拿，说已经和那里的老板打过招呼了，自己回来后一并结账。但是，艾丽莎由于不确定他何时才能回来还账，所以几乎没有去赊过东西，每天节俭度日，尽量少买东西，并且用"铺张浪费让人穷"之类的格言来教育幼小的子女们。

比尔的每次外出，都会让她伤心不已。邻居们都十分同情她，他们知道比尔对艾丽莎不好，但她却始终忠贞不二地对待丈夫，因此大家都非常敬重她。这样艰难的处境使得可怜的艾丽莎越发坚强起来。一位邻居曾感叹道："可怜她一个女人家，丈夫长年累月地在外面跑，根本不着家。她不仅要一个人照料一家人的生活起居，还得打理近60英亩的农场来维持生活。而且，由于比尔回来的次数越来越少，信誉也越来越差，杂货店也不让他们家赊欠了，她只能拼命干活来挣钱。"

母亲的坚强和隐忍，孩子们都看在眼里，所以后来长大的约翰回忆起童年时，从来不提自己不顾家的父亲。

岁月如梭，青春易逝，在里奇福德镇几年的生活让艾丽莎变得瘦削不已，很难想象这几年她独自一人带着孩子经历了多少磨难。

不知不觉中，孩子们到了识字的年龄，由于里奇福德镇上居民的教育水平低，艾丽莎感到非常担心。她想到了搬家，这不仅是为了生活考虑，也是为了孩子能够摆脱洛克菲勒家人这种低俗无知的影响。

就在此时，比尔在外面挣了一笔钱回来了。这一次，比尔似乎改变了很多，他答应了艾丽莎的要求，带领全家人迁居到了摩拉维亚。过了几年艰辛的日子，艾丽莎终于又能在丈夫的照料下生活了。

定居到摩拉维亚后，由于丈夫做起了正规的木材生意，艾丽莎不用再像以前那样每天艰苦地工作了，她开始抽出更多的时间参加附近的浸信会。也是从这时开始，约翰越来越多地接触到了浸信会。

每到周末下午，她总是穿着一身黑色的丝裙去教堂做礼拜。别人对她的印象似乎总是严于律己、衣着整洁和神情严肃。有时，她也会请教友来自己家做客。在这段时间，约翰有个非常深刻的印象——他在楼下客厅玩耍时，常常能听到楼上卧室里传来的祷告声，他永远也忘不了母亲清晰的声音里，充满了恭敬与虔诚。

正是在母亲的影响下，洛克菲勒家的孩子们都养成了一个习惯，每晚睡觉前要相互询问："你能宽恕我今天对你所做的一切吗？"此时，宗教思想已经深深地渗入了孩子们的日常生活中。

3. 天生的商才少年

童年的洛克菲勒一直生活在摩拉维亚的小镇上。刚搬到摩拉维亚的那段日子里，每当夜幕来临时，约翰就会点上一支蜡烛，坐在父亲的对面，父子二人一边闻着即将煮好的咖啡的香味，一边天南海北地聊着大。

作为一个资深的"生意人"，大多数时候比尔的话题总是围绕着怎样做生意和怎样赚钱。而约翰也是最喜欢父亲讲这些事情，每当父亲说起他在外面是如何挣钱的时候，约翰都会仔细倾听，并把这些经商经验牢牢记住。虽然之后约翰在商业上的成功，父亲比尔没有提供任何帮助，但显然比尔也有着不小的功劳，因为他教给了约翰很多可贵的经商知识。

约翰第一次"经商"是在六岁时，当时他正在读小学一年级。一次，约翰和小朋友们在树林里玩捉迷藏，无意间发现了一个火鸡窝。受到父亲比尔的影响，约翰眼珠一转便有了一个绝妙的主意，他想到大家都喜欢吃火鸡肉，如果自己从这里弄到几只小火鸡，然后把它们养大再卖出去，一定能赚不少钱。

有了这个想法后，下次再来这个树林里的就只有约翰了。每天早晨，他都会到火鸡窝旁去观察情况，看看大火鸡什么时候出去觅食，这样就可以在小火鸡出生后，自己趁机偷偷抱走。约翰非常有耐心，坚持了一个月的时间，终于等到大火鸡孵出了小火鸡，并且在大火鸡出去觅食的空隙抱回了这些小火鸡。之后，在约翰的悉心照顾下小火鸡全部成活，待到小火鸡长大后，他就去集市上，把火鸡卖了，换成钱。约翰用耐心和智慧获得了自己人生的"第一桶金"。

虽然这笔钱数目不大，但约翰毕竟年龄还很小，而且这只是开始，拿到钱的约翰很快就把这些钱借给了种地的佃农，然后收回本金和利息。一个6岁的孩子能够做这些事情，听起来简直不可思议！然而这只是约翰小时候众多挣钱主意中的一个，他机灵的脑袋里有的是各种赚钱的奇思妙想。

对儿子这种"做生意"的行为，比尔和艾丽莎的反应态度截然相反。当母亲艾丽莎从议论纷纷的人们口中听到自己的儿子竟然小小年纪就做起了"生意"，她又气又恼，甚至一反常态，不等约翰解释就狠揍了他一顿。而父亲比尔却非常赞赏儿子的行为，他劝艾丽莎不必如此大动肝火，约翰做得很棒。

约翰从小就是在这样的家庭环境中长大的——由一位虔诚的基督教徒母亲抚养，处世之道却是由父亲不时传授的"生意经"。

由于父亲长年不在家，身为长子的约翰就不得不挑起家里的重担。每天凌晨4点钟，天边还没有一点亮色，约翰就已经起床了，他要去田里帮忙侍弄庄稼。早上回来后，他还要挤牛奶，喂牲畜。不过，约翰可不是白干的，这个已经具有了精明的商人头脑的少年把自己的工资按每小时0.37美元计算，全部记在自己的小本子上，准备父亲比尔回来以后和他结账呢！

约翰的这种做法，在我们看来，大多只会一笑了之，没有人认真对待。然而契约观念和独立观念在西方人眼里却是很重要的。当然像约翰这样小小年纪就具有如此商业头脑的人，毕竟是极少数的，可谓天生的商才少年！

4. 求学时代

1852年夏季，约翰和弟弟威廉开始到奥韦戈中学读书。奥韦戈中学建成于1827年。在纽约州的整个南部，它称得上是最顶尖的中学。学校别具特色，校舍是三层高的楼房，高大庄严，四周是一片郁郁葱葱的林地。这对两个农家子弟来说简直就像是土宫一样，眼睛都看个过来了。

但由于家庭的经济状况十分拮据，约翰和威廉上学也面临着很大的问题，他们甚至买不起课本，后来还是一位好心人提供了帮助，他们才顺利拿到了课本。约翰在这里受到了比较正规的教育，这在当时的美国农村还是比较少见的，因为贫困人家的孩子，能够有钱上中学的非常少。

校长威廉·斯迈思博士是一位能干的苏格兰人，六七十岁的模样，非常和蔼而且很有见地。为了提高学生的口语能力，每两周他就会让学生写一篇指定题目的文章，并把文章作为自己的演讲稿演讲。自从斯迈思博士任校长以来，这已经成为奥韦戈中学的一个传统。

而约翰在上学时，充分继承了这一传统。他写的文章，文字简洁，内容明了，演讲也是充满热忱、真切，充分掌握了语言运用的能力。当然，掌握这一优良传统的人还有很多，后来有很多学生借此成为社会上的杰出人士，其中还包括一些约翰的对手。比如发表尖锐文章抨击标准石油公司的思想家华盛顿·格拉登，纽约共和党的老板托马斯·C.普拉特都是来自奥韦戈中学。

在这个学校就读的三百多名学生，他们中的大多数人都是来自比较富裕的家庭。约翰很重视与这些孩子相处交往的机会，他说这"必然对乡下孩子有好处"。而且约翰从来不会因为自己是个穷小子而有任何抱怨。一次，学校里来了一个摄影师，在帮助全校师生拍照片时，他甚至因为约翰和威廉的衣服太寒酸而不愿给他俩拍照。如果是别的孩子可能会满腹怨言，或者是变得十分自卑，约翰却毫不介意。拍了照后，约翰还把这些照片视若珍宝，一直到很多年后他还坚持说："不论给多少钱，这些照片我也不会卖！"

每天早上，约翰兄弟都要步行大约3英里的路程去上学。当天气暖和的时候，他们兄弟俩也会和别的孩子一样，赤着脚在街道上行走，街道上尘土翻飞，但是他们还能玩得非常高兴。路上，他们能看到很多华美的豪宅，这些宅子都面朝萨斯奎汉纳河而建，房屋前后都是修剪的整整齐齐的草坪。每次路过这些房子的时候，孩子们的眼中都会流露出羡慕的目光。唯有约翰显得与众不同，他从来不看这些房子，而是低着头两眼盯着前面的地面，一边走一边想着功课。如果看到路上有马车经过，他就会请求他们捎自己一段路。

约翰一直是个学习勤奋、性格沉静的学生。学校里的事情似乎只有一件事能令他感兴趣，就是周末校长带来的神奇"魔术"。那时候每到礼拜天，校长就像是个变戏法的人，总是会展示一些新鲜玩意儿。那是美国工业革命期间的各种新发明——电报机、发电机、电池等，约翰开始对这些事物变得痴迷起来。这类东西对他的吸引力显然远远胜过了那些大房子。

看着渐渐长大的几个孩子，母亲艾丽莎很高兴但有些头疼，因为每次放学回到家，这几个精力旺盛的孩子就疯玩在一起，感觉家里的屋顶都要被掀开一样。为此，在孩子们放学后，艾丽莎就把他们送到附近一个名叫苏珊·拉蒙特的姑娘那里，让她帮忙监督孩子们完成作业。

在苏珊的回忆里，和两个弟弟相比，约翰显得格外不同，他懂得自制，从不像威廉和弗兰克那样喜欢追逐打闹，常常安静地坐在书桌旁，俨然一副小大人的模样。"我不知道约翰有什么了不起的才能，但他干什么都很尽力，闲话不多，学习十分用功……他身上似乎没有什么特别引人关注之处，可却总会让人觉得他长大之后一定会大有出息。"

第二章　初出茅庐

1. 第一份工作

1855年，又是一个十分炎热的夏天来到了。克利夫兰虽然地处美国北部，又处于伊利湖畔，会时不时地有徐徐的凉风吹来，可天气仍然十分炎热难耐。

中午时分，火辣的太阳炙烤着大地，蝉儿不停地聒噪着，人们大都躲在家中或浓荫下乘凉，不肯出去。然而克利夫兰的大街小巷中，人们经常会看到一个有礼貌的少年，他头顶着烈日，倔强地敲开一家又一家的大门，不一会儿，又见他满脸失望地走了出来，抹一把脸上淌着的汗水，又向下一家走去……

这个坚持的少年就是约翰·洛克菲勒。16岁的约翰正在挨家挨户地寻找他的第一份工作。按理说，简单找一份工作并不难，可是约翰心高气傲，不愿随便找个工作做，他下定决心要找一个前程远大的好职业。约翰在后来的回忆中提到过这样做的真实想法："我选择去铁路公司、银行去找工作，是因为我坚信我的能力，坚信自己是做大事情的人。"

功夫不负有心人，经过将近1个月烈日下的奔波，他终于找到了一份自己称心如意的工作：在克利夫兰的休威特—塔特尔商行当记账员（会计助理），这是一家经营农产品的代理商，同时也负责运送货物。虽然商行只是答应试用，可约翰还是非常高兴。他说："我不计较待遇，我需要的是工作经验，对于公司的管理制度以及经商方法，我都需要用心学习。在这样一个公司工作，实在是最合适不过了，我还有什么不满足的呢？"他买来一个个人账本，把第一次找到工作的日子工工整整地写了下来："1855年9月26日。"从此以后，这个日子成了专属于他自己的特殊纪念日。除生日外，这是他第二个要好好庆祝的日子。后来他回忆说："就是在那里，在那个时候，我开始了自己的商业之旅，虽然最初每个星期的工资只有4美元。"

在洛克菲勒成功后，每年的9月26日就成了洛克菲勒家族的一个特殊的纪念日。在纽约哈得逊河畔的杨佳小镇附近，有一个漂亮的高尔夫球场，洛克菲勒后来的家就在那个地方。每年到了9月26日这天，在洛克菲勒家那高高的屋顶上，都会看到一面醒目的旗子在秋风中飘扬招展着，这面旗子就是约翰·洛克菲勒16岁找到工作初出茅庐的纪念旗。

约翰第一天上班时，头戴着一顶细丝编织的帽子，下身穿一条牛仔裤，上身是一件背心，上面还挂着一条漂亮的链子。虽然约翰还只是个少年，但却已经派头十足。他被带到一张放着账簿的办公桌前，深深地向秃顶的老板休威特鞠了一躬，然后就正式开始了工作。约翰虽然是个初出茅庐的新手，但做起事来却显得非常成熟老练，他经手的账目总是有条不紊，令同事们感到惊讶。这大概是约翰·洛克菲勒对商业天生的一种专注的兴趣吧！

约翰的具体工作是审查单据和存货，并逐一核对所代售商品的买入和卖出的一个个账目，并收取一定比例的佣金。没过多长时间，他培养出了一种特殊的直觉，对数字上的错误变得异常敏感。在送交商行的单据上查不出什么不妥之处，这一点做得令老板很满意，因为这就显而易见地意味着，在大多数业务上，约翰替休威特—塔特尔商行找回了钱。约翰工作认真、勤恳，3个月试用期一满他就被正式雇用了。

　　每天面对着办公桌处理烦琐的账目，对一般人来说，一定会感觉枯燥无味，可这正是约翰的兴趣所在，他并不觉得工作单调、枯燥，甚至晚上下班回到家还忍不住再工作一段时间。但是为了第二天能够准时起床上班，他就给自己规定，10点钟以后就不再工作，这也成了他以后的职业习惯。

　　由于对数字太着迷了，约翰很擅长心算，后来很自豪地发现自己在速算上能"打败犹太人"。约翰把这第一份工作看作绝好的学习经商的机会。他的工作场所是和他的两位老板在一个办公室里，可以直接观察到他们做生意的一切脉络，听到休威特和塔特尔关于出纳问题的交谈，这些可都是宝贵的商业机密呀！约翰是个有心人，他在替老板工作的同时，自己也在私底下总结出了一套好的业务信条：诚信、名声和注重细节。他相信，总有那么一天，他会有自己的事业。果然，没过多久，约翰就实现了他的这一目标。

2. 私人账簿

　　一次，休威特—塔特尔商行在佛蒙特州购进一批数量不小的大理石。当货物到达后拆检时却发现了非常严重的问题，石材外表有明显瑕疵。约翰认为，这是佛蒙特到安大略湖的铁路公司、布法罗到伊利湖的河运公司、五大湖的汽船运输公司这几家公司共同造成的运输过失，于是要求三家公司分别赔偿，从而为公司挽回了一笔可观的经济损失。因为这件事，老板休威特也极为欣赏约翰的办事能力，第一年就把他的年薪加到300美元，第二年又升到了500美元。

约翰仿佛对商业信息有一种天生的灵敏嗅觉。刚刚参加工作不到8个月，他便认定了房地产生意有利可图，于是就开始从事房地产投资。约翰第一次投资的那块土地，原本是殖民者新屋协会的一家分社，位于艾奥瓦州富兰克林县。工作还不满一年，约翰就向自己的两位老板推销贷款，还获取了一分的高额利息。他后来把这笔账记在了自己的私人账簿上："1856年9月3日，今天放出了一笔1000美元的贷款，顾客是休威特和塔特尔（9月1日收到我父亲的款子），并取得他们9月3日开具的借据，年息10%。"

这是约翰一开始工作的时候就准备好的一本私人账簿。账本的封皮上工工整整地写着"总账A"，看上去比公司的账簿还要郑重、正规。

又一个严酷的冬天到了，地处五大湖区的克利夫兰市冰天雪地、非常寒冷。约翰还没有手套，他决定为自己买一副手套。于是，他在账簿第一页的支出栏里写下了："手套1双，2.5元起。在下面的支出栏里还有：

教会捐献0.1元，

救济贫困男子0.25元，

救济贫困女子0.5元……

工作满一年后，他有了300美元的收入，而他花去的一分一角全都记在他的私人账簿的一个个项目之下：包括衣食住行、捐款、杂项，等等。这一年，他开销超过了收入，他也把超支的数字记了下来："支出超过薪水23.26元"，他计算得分毫不差。这本详细地记录了洛克菲勒财务支出的私人账簿，至今仍保存在美国无线电公司大楼洛克菲勒的家族档案室的分类账上。账簿上有他按时间顺序记下的从1858年4月到12月的猪肉项下付出的利息：给父亲27.24美元、给母亲6.59美元、给弟弟8.7美元、自己获利159.39美元。这是约翰将钱投在日常生活食品上的账目明细，他是以中间商的身份借钱给至亲的人。

约翰从一开始工作，就养成了坚持记账的习惯。他所花的每一笔钱，全都一角一分，清楚地记在账里，这个习惯一直坚持到他年老的时候，他把这个重要的习惯传给了自己的儿子，又由儿子传给了下一代。记账的习惯可以说是洛克菲勒家族的一大传统。

3. 第一笔自作主张的生意

不久之后，年老力衰的塔特尔就退休了，休威特少了一个伙伴，后来就更加器重年轻有为的约翰了。除了约翰的本职会计工作，休威特还把公司社交的工作也交给他。休威特派他跟各行各业的人打交道，有交通方面的人、汽船公司的人、铁路公司的人、批发商，等等。老板在城里的许多产业，也都是交给约翰去收取房租。这一切的业务都为约翰积累了许多难得的商场实战经验，为他以后的事业建立，打下了良好的基础。又过了两年，约翰已成为休威特不可或缺的副手了。

公司的不少业务，都是由约翰独立主持完成的，而且他做得非常出色。有一次，他从新闻报道中得知，英国不久将发生饥荒，他想，如果趁现在把货物囤积起来，将来一定能有机会赚大钱。于是他没有特意和休威特商量，就擅自做主购进了大量的面粉和火腿，还有肉干、玉米等，甚至还买了食盐。约翰想等赚到钱后再给老板一个惊喜。

虽然说约翰的计划不错，很有道理，可他都没有和老板商量一下就自作主张买了这么多的粮食和加工食品，多少有点越俎代庖的意思，后来休威特发现了，不免有些恼火，休威特觉得自己的权威受到了影响。他说："约翰，你解释一下为什么会有这么多食品，囤积这些的原因是什么。你不是不知道我们一直做的都是中间介绍和办理货运的生意，从来不染指投机生意！"

约翰耐心细致地向老板解释了自己的想法，也为自己的想法颇为得意。休威特说是这么说，可他并没有阻止约翰囤积货物，因为他在内心里也是非常认可约翰的生意眼光的。

没多久英国果真发生了饥荒，休威特公司把囤积的货物向英国出口，获得了不菲的利润。他们是利用凯霍加河—俄亥俄河—密西西比河的南北纵贯水路，把货物运往欧洲的。

这次投机生意让公司赚了一大笔钱，休威特心里非常高兴，可是他表面上却没有流露出来，因为他事先说的那番话。可是库亚霍加河两岸的人们却热烈地议论起这个小伙子来：

"休威特公司的那个年轻人，虽然只有二十岁左右，但经商的手段可是真高明啊！"

"和他做生意，一定要多加谨慎才是。"

事实的确如此，人们的赞誉也并不过分。从这项生意上可以看出，年轻的约翰已具备了一个成功的企业家所应具备的素质：敢于冒险并善于抓住时机，获得成功。约翰觉得自己对公司的贡献已经超出了公司付给他的年薪，于是他提出了加薪的要求：

"请把我的年薪提高到800美元。"

"700美元吧，约翰。"老板休威特说。

"不，800美元。"

"难于从命。"尽管认可约翰的能力，但休威特还是拒绝了他。

此时的约翰自觉羽翼已丰，有能力得到更好的发展，于是，他准备离开这间待了三年的公司，另谋高就。

4. 父亲的经商课

今天，克利夫兰市已成为俄亥俄州最大的城市和工业中心，人口达190万人，热闹而繁华。城市地处克利夫兰湖河交汇处，数目众多的铁桥成了这座城市的一大独特景观。在绿波茵茵的美丽的伊利湖畔，东西面的高架公路下，穿过那些古旧的砖建筑物和仓库，在凯霍加河口的伊利湖岸河山，竖立着一块醒目的木牌标志，上面写着：

"1796年7月22日，摩西·克利夫兰在此登陆。"

克利夫兰是由18世纪末首次在这里登陆的人名命名的。独立前的俄亥俄州（英文名称的意思是"七叶树州"）是一片没有开发的原始森林，人烟稀少，甚至还有野兽出没。1788年初冬，马萨诸塞州和康涅狄格州派遣的48名俄亥俄公司的探险家，开拓了这片大约4900坪的耕地。调查队把在凯霍加河口的登陆地点称为克利夫兰。

这片新开拓地发展十分迅速，很快就成为铁矿、煤炭以及粮食的重要中转站。中西部大平原出产的小麦、玉米，加工的高级火腿等食品，休伦湖两岸、密西西比出产的铁矿，都运到克利夫兰，通过这里转运到其他地方。甚至宾州的煤炭业也要借由克利夫兰这个中转站，将煤炭运往纽约。

约翰看准了克利夫兰这个优越的地理位置，觉得搞经纪公司（中间商）还是大有前途的。很巧，就在约翰刚刚离开休威特公司不久，他就认识了一个叫莫里斯·克拉克的人。克拉克是从英国移民来的，长约翰10岁，和约翰一样，是因为不满董事长而辞去了谷物经纪公司的职务。两人一见如故，觉得志气相投，也都有干一番大事业的壮志雄心。

"我们一起开一家经纪公司，怎么样？"克拉克邀请约翰一块儿干，"资本只要4000美元，每人出2000美元就够了。"

这句话正合约翰的心意。"2000美元，不算多！"约翰耸耸肩，一副很轻松的表情。尽管此时他的口袋里只有一张800美元的存折，那还是他在休威特公司工作三年的全部积蓄，不过他已经决定要做了。

打定主意，可是到哪里去凑齐这2000美元呢？约翰自然想起了父亲，于是他跑回家去，向父亲请求说："爸爸，我现在急需要一笔钱。您之前答应过我，在我21岁时会分给我1000美元的财产，请您现在把那笔钱给我好吗？"

"可你还有16个月才满21岁呢！"大个子比尔坚持原则地说道。

"那还不是一样，迟早都是我的钱嘛！"

"那可不一样，不过你要提前使用也可以，有一个前提条件，得扣除16个月的贷款利息。年利息嘛，算10%好了。你觉得怎么样，约翰？"父亲算是同意了，可还不忘收取儿子的利息，看来这父子俩一样，都精于算计。

"真是太好了！谢谢你，父亲。"约翰兴奋地一跳三尺高。只要父亲同意就好，至于收取利息，他觉得那是理所当然的，向谁借钱，都是要收取利息的，他已经习惯于这种关系了。

"先别急着谢我，等你赚了钱再谢不迟。谷物、牧草、肉食品的经纪商一定会有前途的，艾奥瓦、内布拉斯加、堪萨斯，再往西面还有加利福尼亚州，总有一天，他们都会把东西运到这里来的，要知道，东部的食品需求市场肯定会越来越大……父亲自觉很内行地向儿子介绍说。

"不，这是要卖到欧洲去的。"约翰极其轻松自然地纠正了父亲的说辞。"欧洲？你是说要把谷物、肉这些食品运到欧洲去吗？"父亲以为听错了，有些疑惑不解。

"是的，父亲，是要运到欧洲去，那样才能赚取更多的利润呀。"约翰平静地解释。

确实也是，儿子讲得不无道理，自己怎么就只想到美国东部呢？大比尔有点发愣，呆呆地望着儿子，转眼之间，儿子已经长得快赶上自己了，他已经长大了，而且雄心勃勃，要干自己的事业了，大比尔的心中涌出几分欣慰，同时又混杂着一些说不清道不明的感觉，是自己老了吗……

这是大个子比尔借钱给约翰的开始，并且账目清楚，一直按照当时的利率收取利息。大比尔还特别喜欢在出其不意间向儿子提出还款，目的是要看看约翰能不能付得出，随后再借给儿子。他的这种做法既是适当地给约翰施加一些压力，同时也是给他以赚钱的动力。如果他付不出款项，他就不能再借到父亲的钱，扩展他的初创企业。在以后从商的日子里，约翰也认为很得益于父亲教给自己的这些实际的经商方法。

大个子比尔教育他的儿子们，并不是培养他们诚实、正直这些品质，而是让他们从小就充分认识到社会的严峻和冷酷。当儿子们长大一些的时候，比尔便用另一种方式来教育他们。他说："我总是想办法欺骗自己的儿子。只有这样，他们才会变得更加精明，在经商的时候才能站稳脚跟。每一次和儿子做买卖，我们都会相互诈骗，直到打败对方。"约翰初涉商界，就能精明地处世，颇为老练圆滑，与父亲大比尔的这种教育不无关系。

5. 第一个公司——经纪商行

1859年3月18日，克拉克和约翰合伙开的经纪商行在克利夫兰大河街32号正式开张了！这是约翰·洛克菲勒平生成立的第一家公司。他们两人分工合作：克拉克拉拢顾客和委托商品，约翰大部分时间经营事实、数字和业务资金。他对这部分工作也是轻车熟路，沿袭了他在账目上锱铢必较的精细传统。克拉克对这一点非常熟悉："他是将有条不紊、细心这些品质做到了极致的人。"如果客户欠一分钱，他要取来；如果他欠客户一分钱，他也要归还回去。"

克拉克认为自己比约翰大10岁，又是从英国移民来的，总爱摆出一副什么都知道的架势，动不动就以教训的口气对约翰说："没说的，英国和欧洲的情况我了如指掌，你还年轻，不懂人情世故，只要跟着我干就没错。"约翰受不了克拉克那副自鸣得意的劲儿，可是为了刚刚开始的事业，他只能强忍着不和克拉克争吵。

刚开业不久，公司就遇到了一件烦心事。这一年，中西部的农作物突遭霜灾，农田里没什么收成，很多农民希望能用明年的农作物作抵押预付定金。

平时自大的克拉克这时没了主意，他不知所措，心里暗自嘀咕着："一共就4000美元的资本，拿什么付农民的定金呢？"由于农业遭受霜灾，像他们这样的许多经纪商行都纷纷倒闭了。

当时还不到20岁的约翰却不慌不忙，一副镇定自若的样子。他想到了去银行贷款的路子。他找到了在浸礼教会认识的一个朋友，某银行的总裁汉迪。

"我想借2000美元。"约翰开门见山地说。

"你们有抵押品吗？"汉迪问道，这是惯例。

"没有，我本人就是担保。"

"你们连货物证券都没有，就想付定金给农民？"

约翰拿出了公司的账目给汉迪看，汉迪看到账目条理清晰，有条不紊，每一笔应付给客户的钱都按时兑现。汉迪在心里对约翰多了几分信任。

"你不是想做投机生意吧？"汉迪盯着约翰的眼睛。

"不是的。"

"好吧，就违例一次吧！虽然没有抵押品，但现在唯有贷款才能拯救农民。只不过，你要遵守我们的条件。"

"没问题。"约翰很爽快地答应了。汉迪所说的条件就是：一，不能做投机生意；二，只能此次预付定金，下不为例。

当离开这家银行时，约翰难以掩饰洋溢在他脸上的得意神情。

他脚步轻快地走在路上，觉得每个走过的人似乎都在羡慕着他的本事。尽管相比以后他的大手笔，这件小事几乎可以忽略，但是这件事在约翰的心中留下了不可磨灭的印象。许多年以后，他在回忆录《漫忆》中写道："我仰起脖子就想起这件事，一家银行竟然完全相信我，借给了我2000美元！那时候我觉得，自己已经成了一名社会要人。"当克拉克看到约翰从银行贷款回来，不由地对自己的合作伙伴佩服得五体投地。自此之后，他们合力勤奋经营，生意蒸蒸日上。

6. 战争中的财富

就在事业一帆风顺的时候，约翰也到了服兵役的年龄。但这时一心扑到事业上的约翰根本没工夫去服兵役，为此，他花了300美元雇人帮自己服兵役，这种事在那个年代是很正常的事。

其实，平时雇人服兵役用不了那么多钱，但这时美国的局势很不稳定，南北战争一触即发，想要让人帮自己服兵役必须要出大价钱了，当然，约翰现在也不在乎这些钱。

不久，美国内战终于开始了。所有人的注意力都集中到了这场战争上，约翰自然也不例外。

约翰所做的贸易依靠的是市场信息，每天来自全国各地的电报都堆积到他的办公桌上，这里面自然包含了大量的战争信息。也因此，办公室就变成了约翰了解美国内战战况的最佳场所。

约翰在办公室里挂起了两幅大地图，每天，他和克拉克都密切关注着南北战争的发展动向。"我们的办公室变成了一个聚会场所，"约翰曾回忆道，"我们对战局都充满兴趣，不少人时常到此处了解战争的新进展。我们时刻关注局势，一方面读公告，一方面在地图上分析。"

就在像约翰这样的生意人只是了解战争的战况的时候，他的弟弟弗兰克却是把战争当成自己的事一样对待。弗兰克那时还不满16周岁，血气方刚的年纪加上冲动的性格，让他急于在这场战争中表现自己，渴望着建功立业，他想要参军，但遭到了家人的一致反对。

弗兰克向约翰索要75美元，准备加入联邦军队，也遭到了断然拒绝。约翰坚决不同意弟弟去参军，还将他狠狠地训斥了一番。因为战争中危险重重，一不小心就可能丧命其中，约翰自然不愿意让弟弟冒险。而且，弗兰克还不足参军年龄，如果执意参军，就要谎报年龄，这显然是诚实的约翰不愿见到的事。其实，约翰不同意弗兰克参军还有另外一个原因，那就是他认为弟弟不应该把创业发财的大好时期浪费在军营里。

兄弟俩互不退让，最后激烈地争吵起来。后来是约翰的一位朋友借钱给了弗兰克。弗兰克一意孤行地参军后，约翰也没有别的办法，只得为弟弟支付了服役期间需要的军装、枪支和其他一些装备的费用。

而约翰和弗兰克这次的激烈争吵也导致了兄弟关系的恶化，在以后的日子里，两人很难再在一起心平气和地商量事情。

战争对很多人来说是个噩梦，但同时它也催生着各个行业的发展。可以说，美国南北战争的爆发极大地促进了美国北方经济的发展，也为战后经济出现繁荣景象奠定了基础。在战争不断升级的刺激下，北方的工业迅速发展，铁路变得四通八达，通信设施的覆盖范围也更加广泛，许多新的煤矿和铁矿更是如雨后春笋般地出现。美国工业的机械化进程也在不断提高，工厂里的缝纫机一刻不停地运转，田里开始投入大量的收割机收粮食。

在约翰眼中，战争对自己公司最有利的一点就是改善了交通运输。战争双方为了满足在短时间内将大量军队、器械运到战场，都开始大力发展铁路业，铁路轨道迅速现代化、完善化，通车里程较战前增加了近一倍。政府开放土地使用权后，12家铁路公司开始在全国大量增铺铁轨。由于铁路公司间的强烈竞争，运价也开始下降。

而约翰的公司处于战略要地克利夫兰，交通更是变得四通八达。后来，由于战争，密西西比河上的水路交通被切断，克利夫兰的物价飞涨，又因为交通便利，这着实让约翰从中狠赚了一笔。战争中期，公司的年利润收益就增至了战前的4倍，达到了1.7万美元。

第三章　商界的拿破仑

1. 适时出手的人生信条

洛克菲勒一直奉行一句话：沉默是金。他平时很喜欢念这样四句打油诗：

一只聪明的老猫头鹰栖在橡树上；

它看得越多就讲得越少；

它讲得越少就听得越多；

为什么我们不能学学这只老鸟？

这首打油诗概括了洛克菲勒经商之路的成功秘方："少说、多听、多看、多观察"。

"打先锋的赚不到钱"就是他用沉默是金的方法得出的结论。

克洛菲勒曾将"打先锋的赚不到钱"作为自己的经营策略，也是他在创业初期常放在嘴边的话。"人生就像跑马拉松一样，一开始就跑在前面的人大多数不能赢得胜利，而把握最恰当的时机，迎头赶超，往往能够笑到最后，这是马拉松得胜者的共同心得。"洛克菲勒从进入商界开始就深谙此道，后来这句话也成了他的人生信条，并伴随着他从一个农产品中间商到走到标准石油公司总裁，直至成为一位让世人称道的"商界拿破仑"。

其实，对于这一规则，历史上有很多事情和人物都可证明：在美国加利福尼亚州曾掀起过狂热的黄金热潮，而打先锋的淘金者一个都没有成名。在石油行业，世界上最先钻到石油的德雷克亦因贫困而终。显然，在经商中，适时出手的人才能赢得胜利。

洛克菲勒在经营自己的经纪商行时，一直也在关注着商界、政界的一些新消息。不久，当他听说政府要在科里镇到泰特斯维尔之间修建铁路的消息时，心里立刻产生了一个赚大钱的想法。洛克菲勒认为，这条铁路一旦竣工通车，石油就可以通过铁路经伊利运到克利夫兰，而克利夫兰已有了新建成的东西铁路大动脉，运输石油既方便快捷，价格也较低，肯定比马车运输有前途，现在正是投资原油生意的好时机！约翰对自己的想法很是满意，可当他把这个想法告诉克拉克时，克拉克却极力反对："你想投资一直暴跌的泰特斯维尔原油？这简直是疯了！"

洛克菲勒试着耐心地说服克拉克，但克拉克根本无动于衷。

他看不出原油产业会有什么光明的前途，认为洛克菲勒的计划太过冒险。最终洛克菲勒还是没能说服他，投资原油的想法只好暂时搁置了。尽管洛克菲勒心里很不高兴，觉得克拉克太过保守，胆小怕事，但是这家经纪商行毕竟是他们俩合伙开的，投资原油业这么大的事，还是不能由他一个人擅自做主。

洛克菲勒虽然不再试图说服克拉克，但却从来没有放弃过思考石油业继续发展的新方向。他发现原油在精炼成煤油之后价值大增。煤油是当时的最佳燃料，市场需求非常可观。1862年，原油每桶3.785加仑售价0.35—0.55美元，而精炼石油1加仑就售价0.23—0.35美元。而一桶精炼石油的成本只需0.04美元。成本低，收益高，精炼石油业在当时是一项暴利产业。正因为如此，炼油厂一家接着一家地在美国东北部各大城市如雨后春笋般地冒了出来。抓住这一商机的还有各大铁路运输公司，为了赚取更多的运输费用，他们在转运石油的要道上铺设了新的轨道，加速了精炼石油业的发展。

不到一年的时间，克利夫兰就成了一座新兴石油城，遍地都是炼油厂。看到这一喜人现象，洛克菲勒再也按捺不住发展新事业的欲望，他也准备办一个精炼石油厂。就在这时，事情出现了转机，有一位英国化学家找到了克拉克，准备和他们合伙开一家炼油厂。

2. 新搭档安德鲁斯

这位化学家名叫安德鲁斯，他和克拉克是同乡。8年前，他们一起从老家威尔士来到美国。自从踏上克利夫兰这片沃土后，他便全身心地投入到了煤炭深加工的研究工作中。当时一起移民美国的英国人多数都胸怀大志，他们中不少人曾在英国几所著名大学里做过油页岩的研究，安德鲁斯就是其中之一。现在，安德鲁斯决心要在宾西法尼亚州这个世界原煤的宝库中精炼出液化油来。

当这位一直致力于原煤深加工研究的化学家听到克利夫兰钻出石油的消息时，他的内心受到了很大冲击，震惊之余，也产生了"石油比煤的前景更光明"的想法。于是，安德鲁斯立即取回了原油标本，开始了对原油的研究。

安德鲁斯是美国乃至世界上最早开始原油精炼实验的先驱者之一。他不但技术精湛，而且还拥有当时独一无二的技术——用亚硫酸精炼石油。尽管安德鲁斯精炼石油的方法比人们常用的方法更节约成本，但人们却不愿改变旧观点，继续用原来较为熟悉的方法炼油。所以，安德鲁斯的实验没有得到重视。

也因此，安德鲁斯的日子越来越难过，他太太只有帮人干点家务杂活来勉强维持生计，支持自己丈夫的事业。虽然生活条件艰苦，但安德鲁斯从未放弃过这项研究。终于，皇天不负苦心人，安德鲁斯研制出了一种更为便捷的炼油方法。有了新成果在手，安德鲁斯希望能独起炉灶，开一家属于自己的炼油厂。他来找克拉克，是想让克拉克也一起投资入伙，解决资金问题。

他鼓动克拉克说："我们一人有技术，一人有资金，只要合我们二人之力发展精炼油事业，肯定会成功的……"尽管克拉克也认同安德鲁斯的说法，但他又担心当时原油行情不好，因此总是摇摆不定，没有明确表态。

后来，安德鲁斯知道克拉克并不掌握公司的实权，握有实权的而是洛克菲勒。因此，安德鲁斯开始劝克拉克拉着洛克菲勒一起入伙，以此降低他的个人风险。然而克拉克依然不买账，只勉强同意投资250美元。可这个数目和安德鲁斯的预计相差太远，心中自然失望无比。

就在安德鲁斯感觉没有希望的时候，克拉克的两个弟弟帮了忙。他们和安德鲁斯曾一起移民来到美国，两人也觉得这件事有利可图，就竭尽全力劝服哥哥找洛克菲勒。而洛克菲勒也正有此意，双方一拍即合，洛克菲勒当即答应可以出资4000美元。当公司新成立时，他并未立即加入，而是当了后台老板。尽管新公司总资金的一半是由洛克菲勒和克拉克共同投资，但新公司定的名字却是安德鲁斯—克拉克公司。这也许是洛克菲勒潜心"等待"的另一种方式。

做了一年的后台老板，第二年，洛克菲勒逐渐放手了经纪商行的生意，开始将生意的重点转到日渐红火的炼油业务上来。结束了这么长时间的"等待"后，他非常专注地投入到新的工作中，每天留在总部办公室的时间也越来越多。公司的总部设在克利夫兰市西南的近郊，库亚霍加河支流堤岸的附近。洛克菲勒在这里处理石油公司里的种种业务。

这是一片有点铁血色的土地，周围耸立着许多高大茂密的树木。湖面上微波荡漾，阵阵清风拂过，吹动着树叶，发出沙沙的悦耳响声，让人感觉十分惬意。

当时选择这个地方建精炼油厂可谓颇具眼光。这个厂紧靠伊利湖，附近还有一条铁路，连接原油料产地泰特斯维尔市和克利夫兰市的西亚特兰大铁路也已由英国出资建成。这里不仅水路十分方便，而且可以利用铁路运输。

没过多久，工厂的厂房、仓库建起来了，锅炉也安装好了。两座用砖砌的烟囱高高地耸立在厂房边。河堤下面整齐地码着许多剥了皮的原木，这是预备做木桶装石油用的。工厂和堤岸的后面是一方断崖，断崖与一座小山丘相连，站在这里登高远眺，克利夫兰市的美色尽收眼底。而后来在精炼油的管道输送上，断崖又成了极为有利的地形条件。

具体到公司的运营，三个人根据自己不同的特点进行了细致的分工：安德鲁斯是研究精炼石油的专家，因此主要负责购进原油后的安排和精炼工作；克拉克主要负责原油的购进；而洛克菲勒依然发挥老本行优势，做的是财务和推销工作。

后来，由于煤油的销路直线上升，洛克菲勒考虑添购炼油设备，进一步扩大生产。一向少言寡语的洛克菲勒像突然变了一个人似的，他开始唠唠叨叨，不断催促克拉克多收购原油。"不管便宜一美分还是两美分，只要是原油，你就马上给我买回来。"

公司的最初资金已远远不够，洛克菲勒开始想方设法地向银行尽量多地借款。在市场兴隆的条件下，扩充企业是正确的选择，但克拉克在借款问题上却举棋不定、畏畏缩缩。不久，安德鲁斯—克拉克公司从银行借贷10万美元，克拉克认为这样太冒险了，市场稍有波动，很可能就会让他们倾家荡产。于是，他对洛克菲勒的做法不断地抱怨、发牢骚，洛克菲勒也不理睬。因为，他早已看好炼油业的发展，目前市场前景如此兴旺，他相信扩大工厂规模一定能赚大钱，银行的借款不愁还不起。特别是如今炼油厂的收入已经超过了原来的经纪商行，怎么能不刺激他的野心呢？

虽然借得了大量的资金，但洛克菲勒的经营依然是以节俭为标准，他认为注重小节是一个人成功的关键。在这种个性的作用下，他对工厂的任何小事情都不放过，每一件小事都要经过仔细计算。他认为水管、油桶这些附属产品都应该由自己来做，不应承包给别人，这样就能节省下更多的成本。于是，他自买林地，伐木、锯木、装桶等程序全部由自己人操作完成。这种措施不但替工厂节省了大量的成本，无形中也替公司创造出其他副业，可谓一举两得。

他们一方面降低成本，一方面改进技术，使自己的炼油厂在克利夫兰的炼油行业中稳步迅速发展起来，占据了大片的市场。

3. 公司拍卖

又过了几年，公司虽然发展得很顺利，可洛克菲勒与克拉克之间意见的不和与摩擦也越来越多。到了1865年，两人的矛盾已经彻底激化，甚至到了水火不容的地步。克拉克除了不赞成洛克菲勒冒很大风险借几十万美元的款项去扩充石油生意外，还对洛克菲勒给顾客放账时过于仔细、刻板很不满，而后，克拉克那两个不学无术的弟弟则彻底断送了他们之间的合作关系。

安德鲁斯—克拉克公司成立后，克拉克的两个弟弟认为公司成立完全是他们的功劳，而且公司的最大股东又是自己的哥哥，所以他们在公司里表现得非常蛮横无理，经常惹出各种各样的麻烦。

有一天，他们因为工资上的事竟然跑到办公室里大吵大闹，甚至对洛克菲勒破口大骂，粗鲁无礼至极。洛克菲勒努力克制着自己的情绪，一直没有吭声，直到他们骂完了，洛克菲勒用手指着大门，冷冷地对他们说："你们马上给我出去，以后不用再来了！"

得知洛克菲勒解雇了自己的两个弟弟，克拉克非常生气，第二天一大早，他就把一份绝交书扔给了洛克菲勒。洛克菲勒马上找来安德鲁斯，三个人经过商议，最终决定公开拍卖公司。洛克菲勒和克拉克两人中，谁出的钱多谁将得到这家石油企业。

公司的拍卖是在1865年2月2日进行的。克拉克请一位律师代表自己竞拍，洛克菲勒则亲自上阵。之后竞价开始了，克拉克这边先喊价："500美元！"洛克菲勒立即加价到1000美元，克拉克又加到1500美元。就这样双方互不相让，喊价直线上升，洛克菲勒十分坚定，每次在克拉克出价后，立即喊出一个更高的价格，克拉克这边则显得比较被动。因为洛克菲勒是下定决心一定要取胜的。提起这件事，他曾回忆说："我已下定决心要投入石油生意，不是仅仅作为一个合伙人的身份，而是全身心地投入进去。"

当竞标价格喊到5万美元时，激烈竞争的双方都意识到，标价已经超过了这家石油企业的实际价值。可是喊价还在持续上升，"6万美元！""6万5千美元！""7万美元！"价格攀升到7万美元时，双方都显得更为紧张，就像在激烈的战斗中出现了一段压迫性的安静。

克拉克脸色变得苍白，他挣扎着喊出："72000美元！"洛克菲勒依然面不改色，立刻接口："72500美元！"

克拉克无奈地双手一摊说："约翰，我不愿意再抬价了，企业归你了。"说完，便扭头离开了。洛克菲勒长长地出了一口气。这一天对于他、对于全球石油市场来说，都是一个关键性的时刻。后来，洛克菲勒常常对家人和朋友提起这件事："那是我人生中至关重要的一天，它决定了我一生事业的基础。虽然拍卖情势紧张，但我早就下定决心，对公司势在必得，也因此能够保持镇定。"洛克菲勒表现出来的坚定信心，既源于他对石油商业前景的研究，也有他对对手情况的了解。结局自然也就如洛克菲勒所愿。

而洛克菲勒敢在竞拍中一直喊出高于对方的价格，则是因为他在克利夫兰的金融界享有很高的声誉，他确信自己能够借到所出的价钱。

4. 无师自通的商人

在洛克菲勒的记忆里，与克拉克兄弟相处的最后的那段日子始终不堪回首，每每提到那时的经历，洛克菲勒总是表现得有些异常，他叹息说："我根本无法用言语来表达那些日子所受到的痛苦和羞辱，我只能说，掏钱和他们散伙的那一天是我人生成功的新开始。"没人知道他这样的措辞是否夸大了当时的实情，但他强烈的自尊心和极度敏感的神经一定不会忘了克拉克的弟弟那刻薄言辞的辱骂。现在自己当了老板，他再也不会让类似的事情重演。

克拉克退出公司后，公司改了新名字，叫洛克菲勒—安德鲁斯公司。现在，26岁的洛克菲勒终于拥有了一家属于自己的炼油厂！

洛克菲勒和克拉克兄弟的散伙发生在南北战争快要结束的时候。那是1865年的春天，当时，南北战争中的北方军队即将高奏凯歌，谢尔曼将军的部队一路南下，南方军队节节败退，南方悍将罗伯特·爱德华·李将军率领部队在阿波马托克斯投降。

不久，南北战争结束了，北方军取得了胜利。可在之后没几天，林肯总统遭到暗杀。噩耗传来，美国全国人民万分悲痛，克利夫兰也举行了盛大的祭奠仪式。1865年4月27日，当载有林肯总统的火车通过这座城市时，在火车一旁搭建的祭奠灵棚内聚集了前来吊唁的众多百姓，还有很多妇女身穿白袍聚在路两旁吟唱安魂曲。

外面世界的悲痛和喧嚣并没有太多地影响到洛克菲勒，他继续加紧发展事业的脚步。就在举国哀悼总统的时候，在凯霍加河附近的苏必利尔大街，洛克菲勒—安德鲁斯公司正式开业了，这里位置极佳，从窗口就能看到载货的船舶经过。在公司里，安德鲁斯只负责技术部门，其他的由洛克菲勒全权管理，他已经完全控制了企业所有的重要业务。

由于克拉克在离开公司时，还带走了几个年长的合伙人。这让洛克菲勒在企业经营策略上失去了指导和模仿的对象。不过，洛克菲勒在经商这件事情上不仅是无师自通，而且还是一个勇敢开拓创新者。他开始用自己的经营方式，一边摸索一边改进，带领着公司继续快速向前发展。

"那段时间，我总是很容易暴躁，"洛克菲勒回忆说，"脾气很不好，这对事业的发展极为不利，所以我必须控制自己这一点，不能让偏见或愤怒支配自己。"这个年龄只有26岁的青年，显然已经具备了大商人的派头。

洛克菲勒是个相当称职的老板，不管是在宽敞的大厅还是隐蔽的旮旯，员工都经常看到他的身影。洛克菲勒始终相信细节决定成败，所以他会不放过公司里任何一个细小的环节。每当看到有人打扫不起眼的角落时，他都会赞许说："不错！眼里要永远有事情做！"

而且，公司在所有能节省的地方，洛克菲勒都不会放过。就拿制木桶来说吧，其他制作木桶的厂家，从外面购得木材以后，会立即把它们运进生产车间。可是，洛克菲勒却不一样，他让工人先把木材烘干，这样木材的重量就轻了不少，然后制作木桶，这样的木桶比原来更轻，运费会降低很多。同时，洛克菲勒还想办法开拓了副产品市场，公司不仅销售煤油，还把副产品石油醚、石蜡等一起销售。

在雇用员工上，洛克菲勒也是慧眼识珠。他聘请了性格孤僻、但诚实可靠、工作能力毫不逊色于自己的安布罗斯·麦格雷戈担任工头，洛克菲勒赋予他很高的权力，因为他非常值得信任。

在南北战争胜结束的时候，洛克菲勒在经商方面已经算是一个老手了，既有经济基础，又有丰富的经商经验。美国内战结束后，大批的商机涌现出来，他一一把握住。自此，洛克菲勒再不曾走过一点弯路或是浪费一点精力，全力追逐个人目标，努力实现个人目标，并最终把自己打造成为一个美国工商界传奇人物。

5. 新一代企业家

南北战争结束后，美国政局转入相对平静的时期，而商场上，所有人都开始蠢蠢欲动。不论是办公室里体面的商人，还是市井街上的投机者，或是一些贩夫走卒、江湖术士，每个人似乎都在琢磨着挣钱的点子，变着法儿地去多捞进一些钱。

在经历过旷日持久的血腥战争后，重新回到日常生活的大多数人都开始越来越多地关注物质生活。

战争结束不久，这个时代的英雄马上易主，白手起家的百万富翁成了人们顶礼膜拜的对象。解甲归田的战士看到洛克菲勒这样富有的企业家，心中不禁充满羡慕。一时之间，宣扬自强不息精神的文学作品琳琅满目，所有的呼吁者都在发出一个共同的声音：只要努力工作，善于储蓄，每个人都能成为百万富翁。

这时的世界已经不再属于那些老式的绅士和乡村权力精英，取而代之的是依靠着自我奋斗取得成功的新贵们。他们一心一意地专注在如何赚到更多的金钱，将那些老旧的传统丢弃一旁。用文学史家弗农·帕林顿的话说："在这个'大烧烤'的时代里，只有处于新式工业中的佼佼者才能吃得开。"而在新式工业中，石油行业无疑是最耀眼的。

其实，石油行业早在战争结束之前就已成了最具诱惑的行业。所以，战争刚一结束，就有不计其数的战士直奔石油重地宾夕法尼亚州，有的甚至连背包和步枪都还没来得及放下，便准备在石油开采工地上岗了。对他们来说，只要是进入石油行业，不管做什么工作都行，因为在他们眼中，石油就等于金钱。而且，石油行业任何工作的薪水都要比其他行业高，这就更让这些人趋之若鹜。

石油行业能够如此兴盛，也得益于它的出现正逢其时，南北战争开始后不久，北方的松脂来源就被切断，价格大幅度上涨，鲸油价格也因为战争影响，价格翻了一番，煤油因此得以在战争中广泛使用。有了新式的照明材料，人们活动的时间延长了，这对战后经济的繁荣也起到了一定的推动作用。

而由于退伍军人的大量涌入，宾夕法尼亚州瞬间变得拥挤起来，而且这里的男性人口比例绝对超过美国其他任何一个地方。这些军人中有很多人军衔还不低，你随意在一个油田里走动都可能遇到少尉、上尉，甚至是将军。

这场疯狂的采油热像是一股巨大的浪潮般，冲击着美国的每一个角落。1865年，一位众议员说到这场影响巨大的采油热时，不禁感叹："时至今日，主导商业世界的主角已经易主，它不再是战前的棉花，而是现在的石油。"

此时，洛克菲勒抱持着对美国经济即将快速发展的坚定信念，相信由于新科技的应用，工业迅猛发展，美国会成为世界经济巨人。于是他开始以更坚定的心态扩展自己的石油事业，他的每一个念头都围绕着石油利润而转。

6. 年轻的百万富翁

到1865年，石油逐渐应用到了更广泛的领域，展示出它广阔的前景。此时，距德雷克打出第一口油井不过短短6年时间，可现在美国各行业的运转仿佛没有石油就无法进行。1865年，一位叫 J. H. A. 博恩的记者在《石油和油井》一书中如此描写：

"东起缅因州，西到加利福尼亚州，石油照亮了我们的房子，润滑着我们的机器，并在许许多多的艺术、工业部门和家庭生活中都成为不可或缺的用品。真的无法想象，如果现在我们失去它，文明都可能随之倒退。它越来越大的用途令人振奋不已，就连世界前进的步伐都随之加快了。"

石油业的蓬勃发展不仅让石油商人腰包鼓鼓，也一步步带着原先不起眼的小城克利夫兰走向了繁荣富裕。当时著名报刊《领导者》曾报道：

"尽管匹兹堡拥有的炼油厂非常多，甚至比克利夫兰多一倍，但是，克利夫兰独特的地理条件却是匹兹堡无法相比的。在克利夫兰生产的精炼油，能够经由水路直接运送到欧洲。在美国，因为铁路网扩展，克利夫兰与宾夕法尼亚州相连，石油、煤炭的运送变得更加便易。可以说，克利夫兰已经成为内陆消费的运输中心。"

石油的如此大量的需求，以及克利夫兰绝佳的地理条件给洛克菲勒事业的进一步发展提供了条件。现在，公司里没有了反对者的干扰，洛克菲勒已经可以更加放心大胆地扩大企业规模了。洛克菲勒继续增加炼油设备，扩大厂房，很快公司每天生产的油量超过了500桶（79000公升），每年销售业绩达到了百万美元。1865年，仅洛克菲勒—安德鲁斯公司向克利夫兰市缴税，金额就高达31800美元。这个数字至今还被记录在克利夫兰市税务局1865年的档案中。

那个时候，克利夫兰市大大小小的炼油厂共有50多家，其中洛克菲勒的公司规模最大。不仅如此，在整个行业中，洛克菲勒的炼油厂也是最先进、效率最高的，出色的管理和设备使他获得了成本低、质量高的煤油的优势，在竞争中占据了有利位置。1865年，他的公司仅雇用员工37人，收入却达到了120万美元之巨，第二年又上升到200万美元。这中间，除了扩大公司的生产能力外，洛克菲勒还购买了克利夫兰以及匹兹堡的共130个炼油厂，石油生意越做越大。

随着洛克菲勒这一批石油巨富的崛起，"百万富翁"这个词开始进入美国人的生活之中，成为亿万美国人心中成功人物的代名词。

7. 洛克菲勒的宅院

洛克菲勒所生活的欧几里得大道，并不是一条普通的街道。在克利夫兰，这条街道被誉为"百万富翁大街"。这个称号不是夸张，街道两旁聚居着的是全城里大大小小的新贵们，他们都是从石油、金融、木材、铁路等产业赚到巨额财富的大亨。当然也不乏一些社会名流，这些人的奢华住宅让这条街成了一座美丽的城中城。

街道颇具维多利亚风格，道路宽敞壮丽，两旁是遮阴蔽日的名贵树木，街道上不时奔跑过几匹高头大马或几辆华丽时髦的车子。在这浓密树荫的下面掩藏着的是一座座奢华典雅的新式宅院。宅院的主楼和大门之间多是修理平整的草坪，加上这些宅院之间很少有墙壁，整条街看上去就像是一座绿色的大花园。

在这些豪宅的掩映下有一座不太起眼的两层小楼，那就是洛克菲勒的宅院。宅院前围着一道长长的铁栅栏，看上去已有些斑驳，房子是一个老式建筑：柱廊、拱形玻璃，这让它在众多新式豪宅中多少显得有些寒酸，但却从来没有人敢低看房子的主人。

显然，洛克菲勒并不是没有能力购买更豪华的房子，只是他很喜欢选择这样售价低廉、外观不起眼的房子居住。洛克菲勒不喜好炫耀个人财富，也不喜欢引人注目。穿行街道的行人不会特别注意这幢"小房子"，也就不会觉得房子的主人会如何了不起。这就是洛克菲勒的想法。他的所作所为，与德国社会学家马克斯·韦伯描述的理想资本家形象完全吻合："为人低调，绝不炫耀财富，不铺张浪费，不耍弄权力，甚至对外界的恭维和颂扬也会感觉不安。"

洛克菲勒对房屋内外的装饰并不在意，他喜欢的是空间够大，看上去又很简洁的房子，这样他就可以按照自己的想法对房子进行布置。如果房屋的装饰本身就很考究的话，那他反倒会觉得很不舒服。

洛克菲勒是个地道的实用家，他讨厌浮华，认为无论是什么东西只要有用就是好的。装饰过分夸张或是外表特别豪华的东西只会令他反感。

洛克菲勒虽然对房子的装饰要求简单，但在院子里花草树木的种植和打理上却很精细。洛克菲勒非常热衷打理花园，他在花园上花费的心思和金钱远比花在房子上的多得多。为了扩建自己的花园，他还买下了紧邻的一座宅院。但他不想要宅院里的那幢房子，又不想浪费掉，最后打算把房子捐给当地一所新建的女子学校。为了尽量节省工力，洛克菲勒让工程师设法把整个房子吊起来，移到一个街区之外的女子学校。在当时这可以说是一个奇观，引来众人的竞相围观，而且在工程技术领域，也被称作是一大奇迹。

房子被吊走后，院子显得有些空旷。洛克菲勒扩建好自己的花园后，立即着手把剩余的地方改成马场。洛克菲勒很喜欢骑马，他在院子里用石头砌了一座气派的马厩，马厩长达100英尺，上面是结实的横梁，顶棚墙板是红松木板条，顶上挂着精美的吊灯，其"豪华"程度远远地超过了他的房子。

快马加鞭地在笔直又宽敞的欧几里得大道上奔驰是洛克菲勒最为享受的事情了，他能熟练地驾驭四匹马的马车。如果有人想要在路上超过他的话，那他是绝对不会示弱的，一定要和对方比试一番才肯罢休。

洛克菲勒做什么事情都一丝不苟，对待业余爱好——骑马亦是如此，他的做法甚至达到了奢侈的地步，这一点跟他朴实的风格似乎有点不相符，也许他认为这是紧张工作之余的一种最好的休息和放松方式，值得去付出才这么做的。洛克菲勒向来舍得在自己喜爱的骑马运动上花钱，在19世纪70年代，他仅花在购买纯种马的费用上就高达1万多美元。

一开始接触骑马运动也是和洛克菲勒的工作有关，进入商界后的他一直非常努力工作。有一段时间，洛克菲勒的脖子痛得很厉害，医生建议他借助骑马做运动治疗。洛克菲勒遵照医嘱，下班后就在欧几里得大道上骑马。他让马儿换着花样跑，玩得非常轻松愉快，从此便迷上了骑马。

洛克菲勒的妻子劳拉也喜欢骑马运动，因此夫妇俩在工作之余经常骑着马缓缓并辔而行。洛克菲勒对待马的态度和对人一样，也是非常温顺和善，即使是一些脾气暴躁的马，他一样能够温和地接近，认真地了解关于马儿的一切，取得马儿的信任后再耐心安抚，所以再桀骜不驯的马儿到了洛克菲勒这里都会变得很乖顺。

洛克菲勒的弟弟威廉也会骑马，有时兄弟两人还会比赛。"每次我和威廉一起赛马都是我先到终点"，洛克菲勒曾微笑着说，"那是因为他不懂和马儿说悄悄话，所以才会每次都累得满头大汗，我之所以会赢得很轻松，是因为我从不会对马儿失去耐心或是发火，而是静静地沟通，这样马儿才会听话。"

无论是对事、对人、对物，洛克菲勒都能够做到平心相待，这也是这位"石油大王"成功的一个主要原因吧。

8. 福里斯特山的生活

除了欧几里得大道的住宅外，洛克菲勒还特别喜欢另一个住处——福里斯特山庄园。

洛克菲勒在自己事业发展得蒸蒸日上的那几年，他想到要为自己建立一个舒适的度假之处。选来选去，他把地点定在了山涧纵横、流水潺潺的福里斯特山。

福里斯特山离欧几里得大道仅仅4英里，离洛克菲勒的住宅非常近。1873年，洛克菲勒在这里买了一块宅邸，为了出行度假，洛克菲勒还在此修了一条短途铁路。

在建立庄园时，洛克菲勒删繁就简，将原本庄园里所有的挂饰通通摘掉，并加了一道玻璃长廊，这样他就可以在此舒服地享受阳光浴了。

庄园中的设置也极其简朴，却是难得的舒适和实用。第一次进入福里斯特山的房子里，你一定会觉得这是一家快捷旅馆，是专门方便人们度假用的。屋外是典雅的竹制家具，办公室和餐厅设在一楼，楼上的过道两侧都是单间卧室，楼的周围玻璃回廊环绕，让你感到一种别样的温馨和惬意。

每年，洛克菲勒的家人都要在这里住一段时间。洛克菲勒的很多朋友也喜欢来这里玩，也许正是因为这样，颇有经商头脑的洛克菲勒和妻子劳拉商议，把福里斯特山庄园打造成了招待朋友的收费俱乐部。

假如你受邀去度假，可是最后收到账单了，要你付账，你一定会觉得大吃一惊的。没错，洛克菲勒就是这么做的，1877年夏天时，他的十几位朋友在接到账单时着实吃了一惊，他们对洛克菲勒的这一做法甚至有些哭笑不得。最后他们还是把账单付了，因为以后他们还想去那个舒适的度假地点玩呢。

从1877年开始，洛克菲勒开始越来越多地住在福里斯特山庄园，只是在春秋两季才住在欧几里得大道的住宅。到了1883年，福里斯特山庄园成了洛克菲勒的唯一住所。可是欧几里得大道的老宅子在他们心中的地位非同一般，虽然之后他们再也没有去居住过，但还是经常进行修缮。一开始，洛克菲勒想对它进行一番改建，作为残疾儿童或者是老人居住的地方。但是，最终这个计划还是落空了，因为妻子劳拉特别迷恋这所老宅子。劳拉说："我们都深爱这所房子，来到纽约后的这些年，它一直在为我们挡风遮雨。在我们心中，它的地位是非常特殊也是不可替代的。"

住在福里斯特山庄园有一个小问题，就是距离办公地点和浸信会比较远，每次洛克菲勒都需要骑马去。由于洛克菲勒喜欢骑马，家里马匹的数量也颇具规模了，洛克菲勒还为孩子们买了威尔士的矮种马，让他们娱乐消遣。后来，洛克菲勒在庄园周围建起了1平方英里的跑马场。为了美观，洛克菲勒在跑马场的周围栽植了枫树。洛克菲勒一家人常常骑着马在这条枫树林里的跑马场上缓行散心。

另外，洛克菲勒还在庄园里建了两个人工湖，分别用于游泳和划船。到了冬天，这两个湖就会变成天然滑冰场。每年冬季会有很多周围居民相拥来滑冰，有时，洛克菲勒也会参与其中，只是随着年龄越来越大，参与的次数也越来越少了。

洛克菲勒从来都不是个消停的人，总是会不断地完善自己的"王国"。在巡查自己的领地时，他又修建了碎石小径、花园、谷仓，还有车棚和巨大的农场。他又顺着山势修建了一条20英里的跑马道。另外，他还开辟了一个石灰石场，以为自己修路提供原料。这一切，他都充当自己的设计师，永无止境地规划着自己的领地。

19世纪80年代初，不惑之年的洛克菲勒正经历着人生的鼎盛时期，不论是蒸蒸日上的事业，还是和谐美满的家庭。不管从哪方面看这个年龄的男人都是成熟而富有魅力的。洛克菲勒早已事业有成，家庭和睦，而且在克利夫兰市区最富庶的地界拥有一幢别墅，在郊区还有一处漂亮的大庄园。

空闲时候，洛克菲勒最爱的活动就是在庄园草坪上打打高尔夫，每次他也会带上孩子们一起。

他总是这样"安静"地生活，像是刻意回避别人的注意一样，对于人们普遍关注的政治、艺术、戏剧等通通不感兴趣。他也没有购置游艇和豪华汽车，没有私人俱乐部。他的生活圈子很固定，而且相当程式化：和普通职员一样，每天下班前翻看一遍账簿，检查每项开支，周日休息会去教堂做祷告，去球场打打高尔夫。忙碌一天后回到家里，尽享天伦之乐。

直到公司的总部搬到纽约后，洛克菲勒才结束了这种"悠闲"的生活。

第四章　商业巨人

1. 志同道合的助手

在洛克菲勒—安德鲁斯公司里，洛克菲勒与安德鲁斯的合作还算是很愉快。但有时安德鲁斯的思想还是有些保守。而且，除了精炼石油，安德鲁斯在公司运营、管理等其他方面很少能帮得到洛克菲勒。所以，洛克菲勒很想在安德鲁斯之外，再寻找一位事业上的合伙人。洛克菲勒知道，坚强有力、亲密无间的合作伙伴是事业走向辉煌的根基，不管哪行哪业，伙伴既可能帮你把事业推向更成功，也有可能导致内部的分裂。

这时，洛克菲勒想起了亨利·莫里森·弗拉格勒。弗拉格勒是个眼神炯炯，头发光滑，还留着两撮小胡子的中年人。他比洛克菲勒大九岁，两人志同道合。后来，他们曾在石油公司发展的道路上互相扶持，度过了不少危难。

1830年，弗拉格勒出生于一个贫寒之家。父亲艾萨克·弗拉格勒是长老会的牧师，母亲伊丽莎白有过两段婚姻，第一次，她嫁给了戴维·哈克尼斯，戴维是一名医生，之前已经结过一次婚了。他带着一个儿子，在戴维弥留之际，他的二儿子丹出生了。戴维死后，伊丽莎白带着两个孩子嫁给了艾萨克，全家人的生活一直很艰苦。

弗拉格勒童年时生活在纽约州北部的芬格湖地区，后来举家搬迁至俄亥俄州。由于家境贫寒，弗拉格勒14岁就辍学了，独自一人来到贝尔维尤市里帕布里克镇的一家乡村小店里打杂，晚上就在四面透风的店铺打地铺睡觉。生活虽然艰苦，但性格开朗的弗拉格勒总是能够自得其乐，从不抱怨。在他23岁的时候，迎娶了杂货店老板拉蒙的女儿为妻。

由于贝尔维尤交通的便利，在美国内战爆发前弗拉格勒在拉蒙的农产品公司赚得盆满钵满。正是在那时，弗拉格勒结识了洛克菲勒。当时洛克菲勒还生活在克利夫兰，做的是农产品的生意，弗拉格勒曾为洛克菲勒送过很多小麦！

后来，农产品市场变得很不景气，为了能够处理掉仓库里卖不出去的谷物，弗拉格勒和老板拉蒙开始将目光放在了酿酒业务上，特别是利益丰厚的威士忌酒。但是，弗拉格勒和洛克菲勒一样，做事规矩，为人谦逊，态度温和。而且他父亲是牧师，家人都滴酒不沾，从事酿酒显然并不是他的意愿。由于对酿酒行业感到厌烦，亨利在赚到5万美元之后就洗手不干了。赚了一些钱后，他又重新把精力放在了农产品经营上，并在贝尔维尤盖了一幢英国维多利亚式的大房子，晚上煤油灯把宅子内部照得一片通明。

不久，内战爆发后，弗拉格勒也选择了雇用别人替自己服兵役。他自己则依然忙碌于生意中，不久，弗拉格勒也因为在战争时期为联邦军队采购军粮而大发横财。

有了这笔钱的弗拉格勒开始尝试别的工作，其中最主要的是投资盐业。可他并没有因此赚大钱，反而是赔得血本无归。弗拉格勒在密歇根州的一家盐业公司投进了一大笔资金买了很多股份，当时美国内战还没结束，他认为在战争结束时，食盐的销路一定儿非常火爆。为此，他甚至将家也搬到了盐业公司附近。可没想到，战争结束后，市场上食盐供远大于求，盐业公司的食盐卖不出去，很快公司就宣告破产，弗拉格勒瞬间变得不名一文。

　　这次惨痛的投资失败经验也让弗拉格勒急躁膨胀的心沉静了下来，他开始回过头来思考绊倒自己的这块大石头。当初食盐销售形势大好的时候，很多人都想挤进来分一杯羹，结果出现了严重的生产过剩。为了解决这一情况，人们又想到了公司联合，用合作取代竞争。但合作也并没有让很多像弗拉格勒这样的小商人挽回损失。但他们所做的公司联合这一创举却是为日后洛克菲勒联合石油行业，成立标准石油公司提供了一个绝佳的先例。

　　弗拉格勒经历一场严重的投资失利，生活陷入了困境。那段时间，他甚至常为了节省下一点钱而少吃一顿饭。这种情况持续了很长一段时间，后来他回到了贝尔维尤，在那里靠推销一种自己发明的、用来制作上好马蹄铁的机器赚了一些钱，条件才慢慢转好。但卖机器根本赚不了大钱，不久，他来到了克利夫兰寻找新的赚钱机会。

　　来到克利夫兰后，弗拉格勒的运气似乎开始真正好转了。他很快就在洛克菲勒—克拉克公司找到了一份自己最擅长的工作——推销谷物。弗拉格勒的加入可以说是填补了洛克菲勒的空缺，因为当时洛克菲勒的心思越来越多地转移到了石油上。但当时和克拉克已经有很大分歧的洛克菲勒似乎故意和克拉克作对：他亲自邀请弗拉格勒，将弗拉格勒的办公地点选在了自己所在的办公大楼里。没过多久，弗拉格勒就重新闯出了自己的一片天地，挣钱还清了债务，还买了房子。

　　这时，洛克菲勒和弗拉格勒每日楼上楼下的上班，碰面的机会自然多了很多。聊天中，他们很快就发现彼此在经商方面的很多想法都不谋而合。那时候的洛克菲勒正在考虑的问题是，公司的发展过分依赖于银行的贷款，一旦银行的资金不能及时到位，就会严重影响公司发展。未雨绸缪，洛克菲勒已经开始寻找更加可靠的资金源——一些富裕的投资者。这时他注意到，弗拉格勒有一位亲戚是个非常显赫的富翁。

于是，洛克菲勒立即找弗拉格勒商议，并在弗拉格勒的帮助下，公司顺利地拉到了一笔资金巨大又很有保障的个人投资。这位金主就是克利夫兰数一数二的大富豪斯蒂芬·V. 哈克尼斯。

哈克尼斯是在内战期间发达起来的。那个时候他与俄亥俄州的政府参议员结盟，通过利用政府内部的秘密做了一笔大生意：一次，哈克尼斯提前获知了政府要对两类酒多征收2美元的赋税，于是在政策颁布之前，他甚至不惜挪用银行存款去囤积那两类酒。1862年7月，政府开始增加酒税。酒税的增加导致酒价大幅上涨，哈克尼斯立即拿出囤积的酒，全部以高价销售出去，一下挣得了近百万美元。

一直以来，洛克菲勒都是禁酒运动的坚决拥护者，可是，他这一笔重要的资金来源竟然是投机得来的烈酒收益，它在给洛克菲勒带来成功的同时，也显得有些讽刺意味。

几年后，洛克菲勒把所有的精力都放在了石油行业，而作为最佳助手的弗拉格勒也辞去了经纪商行的职务，全力帮助洛克菲勒打理石油业务。

1870年，石油行业因为混乱而出现了很多问题，其中最为严重的一个就是很多工厂从石油中提取出的煤油质量低劣，有时甚至根本不能点燃。煤油的价格也开始大起大落，石油公司的收益很不稳定。

但是，洛克菲勒的公司却不存在这些问题。不久，洛克菲勒把公司的名字更名为标准石油公司，公司开始发售股份。从这一刻开始，洛克菲勒的事业进入了一个新阶段。借助公司的新名字，洛克菲勒要告诉顾客，他们生产出来的石油，是值得信赖的。标准石油公司的建立，也为石油行业建立起了新的秩序与标准。

2. 愚蠢的安德鲁斯

标准石油公司建立以后，公司的一切业务都在有条不紊地进行着。可是，这时公司内部却出现了一些不协调的因素。

自从进入炼油业以来，洛克菲勒在技术方面一直仰仗着安德鲁斯。安德鲁斯也没有辜负他的期望，洛克菲勒—安德鲁斯公司精炼石油的技术在克利夫兰一直遥遥领先。两人的关系也一直很好，但在1874年，这一切突然发生了变化。

洛克菲勒是个目光长远的人，他一心想的都是如何让公司变得更强。在1874年，为了让公司的炼油技术更进一步，洛克菲勒任命安布罗斯·麦格雷戈为技术总监。安德鲁斯在技术上遇到了强劲的对手。

公司一直以来都是安德鲁斯负责技术，洛克菲勒负责规划。当看到洛克菲勒聘请来一些新的技术员时，安德鲁斯慢慢变得不安、不满起来。到1878年，在听说标准石油公司给股东发放了高额红利后，而自己并未分到多少钱后，安德鲁斯终于愤怒了。他逢人就抱怨：自己应该分到更多红利之类的话。尽管洛克菲勒一直避免与合作伙伴发生冲突，但面对安德鲁斯这样只想着分红却不再想着发展事业的董事，他还是不能容忍。

而怨气越来越大的安德鲁斯最后也忍不住找到洛克菲勒："我真是受够了，没办法做下去了！"洛克菲勒也一直在等他先开口。看到安德鲁斯盛怒的模样，洛克菲勒直接摊牌说："看来你不仅是对公司的经营不满，也对公司的未来没有信心啊！既然如此，那就给你手里的股份出个价吧！公司负责收购了它们。""100万美元！"安德鲁斯说。"我要一天的时间考虑，明天再给你答复。"两人干脆利落地结束了对话。第二天，安德鲁斯再到公司时，办公桌上已经放好了洛克菲勒签着字的100万美元的支票。

原来洛克菲勒说要用一天的时间考虑是为了留出筹钱的时间。他不在乎安德鲁斯所说的价格，但他担心万一安德鲁斯过于不满，就很有可能会对外抛售他手里的股票，那时公司的信用就可能会蒙受损失。所以，他才如此迅速地筹钱，不给安德鲁斯反悔的机会。

这么轻松就拿到了自己要求的数目，安德鲁斯以为是自己从中狠赚了一笔而沾沾自喜。可这种好心情没持续多久，当听到洛克菲勒把那份股票转手就净赚了30万美元后，他就再也高兴不起来了，而且还非常后悔。但他并不是感到自责，而是认为自己"上当了"。洛克菲勒听说后特意派人转告安德鲁斯，如果他愿意回来，可以再原价买回那部分股票。

可气急败坏的安德鲁斯赶走了传话的人，拒绝了这个"不亏本"的提议，这个决定可以说是非常愚蠢。要知道，半个世纪后，这些股票至少价值9亿美元。

安德鲁斯的不领情彻底激怒了一忍再忍的洛克菲勒，这次他也彻底断了当初两人并肩打拼事业时的情分。洛克菲勒是个性格倔强的人，一旦确定与一个人关系破裂后，就会把这个人划入黑名单，批评起来也是丝毫不留情面："安德鲁斯根本就是一个自以为是、无知、愚蠢的英国佬，满脑子都是些蝇头小利，没眼光……"

与洛克菲勒分道扬镳后的安德鲁斯满足地做着百万富翁，并花了一大笔钱买了一幢五层楼高的大厦，大厦有近一百个房间和上百名仆人。而这座奢侈的大厦后来却被人们冠上了一个名副其实的绰号——"安德鲁斯的蠢物"。

事情就这样过去了，但安德鲁斯却始终过不去心里的坎儿，特别是看到标准石油公司蒸蒸日上后，他逢人就说这件事，控诉洛克菲勒对他的不仁。曾有人评价安德鲁斯说："他离开标准石油公司前恨的是洛克菲勒，卖出股票后恨的是自己。"

3. 毫不手软的手段

其实，洛克菲勒对待安德鲁斯已经算是很仁慈了，毕竟他们不是对手。而在尔虞我诈的商业竞争中，为了迫使竞争对手乖乖就范，洛克菲勒有时会使出毫不留情的手段。有时，他会突然把市面上所有的原油全部买走，让其他的炼油厂没办法开工；有时，他会把当地的所有运油车都雇用，让其他公司的运输陷入困境。不过，洛克菲勒也不是那种动辄就使用强迫手段的人，而是会尽可能地耐心规劝说服。

标准石油公司在逐渐扩张的过程中吞并了很多小石油公司，在外界看来，这是标准石油公司在铲除竞争对手，但实际上洛克菲勒通常会保留被兼并企业的原有管理员工，情愿养一批拿着高薪的闲人，对洛克菲勒来说，这既是为维持公司内部和谐而采取安抚怀柔的必要政策，也是一种与对手合作的方式。

当然，洛克菲勒一向精于计算，付出如此高昂的代价养着一批"闲人"，让公司里的很多人都不明白。就连公司董事们也很困惑，大家都认为洛克菲勒的这种做法过于仁慈。虽然大家认可这些人曾为他们的石油公司做过贡献，但他们的公司已经被兼并了，到现在还一直给他们发薪水并不是妥善的经营之道。

或许只有洛克菲勒知道，这是为避免大批的人才从公司脱离后转化为公司的竞争对手的手段，更重要的是，这是在谋求未来公司垄断时，必须要付出的昂贵代价。

在洛克菲勒的垄断计划中，石油运输枢纽是他的首要目标。只要能控制这些运输枢纽，任何代价洛克菲勒都愿意付出。

开始垄断石油行业时，洛克菲勒第一个目标是匹兹堡的整个阿勒格尼河水运系统，因其与费城的油田贯通，便于石油运输而被列入兼收之列。洛克菲勒一向如此，不留余地，不只匹兹堡，甚至费城的炼油厂，他也打算用各种办法——游说、利诱甚至威吓，总之要它们都加入标准石油公司。

1874年，一天，洛克菲勒去往萨拉托加，和同行查尔斯·洛克哈特、威廉·G. 沃登商讨收购炼油厂的问题。这两个同行也不简单，他们的炼油厂分别是匹兹堡和费城最大的炼油厂。洛克菲勒认为，如果能够把这两家炼油厂收购了，其他的小炼油厂自然就会对他臣服了。

和洛克菲勒一起来的是弗拉格勒，他在斯普林斯为洛克菲勒安排了会面场地。斯普林斯盛行赌场和赛马，是一个度假胜地。会谈那一天，四个人来到一个溪水边的小亭子里，坐下来一谈就是6个小时。

会谈的时候，洛克菲勒一再告诉洛克哈特和沃登，他们只有合并，组成一家公司，才能避免恶意竞争，逃脱价格战的旋涡。最初，洛克哈特和沃登都不太愿意，毕竟那是自己辛苦建立起来的公司。后来，洛克菲勒让弗拉格勒掏出一本册子给他们看，这是标准石油公司的账本。当他们翻开账本的时候，立即呆住了。想不到，洛克菲勒能够把制造煤油的成本降得那么低，如果打价格战，自己的公司一定不是对手。于是，他们花了几周的时间重新评估了一下标准石油公司，然后就答应了洛克菲勒的条件。

在这桩并购企业的秘密交易中，他们非常有远见地选择以标准石油的股票作为付款方式。除此之外，他们得到的好处还包括：合并公司依然归他们管理，公司可以享受低廉的铁路运费，可以获得超低利息的贷款，宝贵的油罐车，还有先进的生产技术。

提起这次并购，还有一件事让洛克菲勒特别高兴，就是查尔斯·洛克哈特的加入。洛克哈特是一个苏格兰人，满脸的胡须，平时给人一副冷酷、沉寂的印象。在洛克菲勒眼中，这个人是"商业界最有经验、最老成、最有自制力的人物之一"。

洛克哈特在19世纪50年代的时候就做过石油生意，与人合伙在匹兹堡开店，所以，在才发展几十年的石油业中，洛克哈特可以说是一位地地道道的老手了。在石油业兴起初期，洛克哈特就已经小有成就了，不但一手创建了匹兹堡最大的炼油厂，还与人合作在费城成立了一家油罐生产公司。

这家公司负责生产铁质油罐，由蒸汽轮船装载，运往全国各地。炼油商出身的洛克哈特特别注重安全，安装的油罐质量非常好，有效地降低了发生火灾的危险，增加了运输的安全性，而且还使船上难闻的气味远不像以前那么严重了。也因此，洛克哈特深受运输公司的欢迎，这也是洛克菲勒首要并购目标选择他的原因之一。

在开始匹兹堡—费城石油兼并活动的同时，洛克菲勒还收购了德沃制造公司和长岛公司，继续扩大自己的炼油厂事业。这样一来，标准石油公司的并购在一开始就建立了至关重要的据点。

这是一场具有决定性意义的并购案。并购案的胜利签署也就等于洛克菲勒掌握了匹兹堡和费城两地主要的炼油能力。最主要的是，围绕着这两地的炼油中心又一场并购连锁反应出现了，这为标准石油公司以后的并购提供了便利。

洛克菲勒在加斯普林斯与沃登和洛克哈特达成交易时，匹兹堡拥有几十家独营的炼油厂。仅仅过了两年，独营的炼油厂只有一家了，而且这家炼油厂也处于即将倒闭的状态。

接下来，洛克菲勒让弟弟威廉负责策划购并了另一个地区的大型炼油公司查尔斯·普拉特公司。普拉特是一位深得洛克菲勒赏识的、极有商业天分的人，也是一位虔诚的浸信会教徒。南北战争爆发前，普拉特白手起家经营油漆生意，进入炼油业是在美国内战之后。他个子不高，平时也是少言寡语，和洛克菲勒一样，讲究诚信，重视产品质量。他的"星牌"煤油品质极佳，不仅畅销国内，还远销海外，算得上是一个世界知名品牌。普拉特的加入，让标准石油公司的名声更加响亮了。

按照这种先并购大公司、再吞噬小企业的收购路线，标准石油公司以一种不可思议的速度发展壮大起来。没过几年时间，它就成了美国最大的炼油公司，而洛克菲勒也成了美国最大的炼油商。

4. 全美最富有的人之一

从1870年标准石油公司正式建立开始，到1879年底，9年间，标准石油公司几乎完全控制了美国炼油业。在美国任何一个行业，从来没有哪家公司能够像标准石油公司一样，独霸整个市场。

当时，标准石油公司掌握了美国绝大多数的炼油市场、输油市场，以及25%的原油市场。洛克菲勒用了20年的时间，终于让自己成为美国最大的原油生产商、加工商、运输商。他在石油领域取得了绝对主导的地位，被人们誉为"石油大王"。

洛克菲勒已经成为全美最富有的富豪之一，但他行事仍然非常低调，从不喜欢夸耀，这也是个性使然，洛克菲勒一直都不喜欢大出风头和铺张浪费。他没有进入克利夫兰的贵族社交圈子，也没有参加过这个城市的任何公共活动。政治对他没有任何诱惑力，而且他也不是个喜欢舞文弄墨的人，不爱看小说和杂志，只偶尔听妻子读一读精彩的故事。洛克菲勒在克利大兰时也从不去看歌舞或戏剧表演，因为他对此毫无兴趣，直到把家搬到纽约之后这种情形才稍有改观，但这也主要是为了附和时尚，而不是出于他的本意。

洛克菲勒信仰基督，如果有空闲，他只阅读自己崇拜的《圣经》。他从不缺席教堂的聚会，并且也十分愿意出钱出力，为教会做一些事。他可以说没有什么爱好和情趣，几乎把所有的时间都贡献给了标准石油公司、洛克菲勒家族和浸信会教堂。从这一点上来看，他的世界狭隘得惊人。

洛克菲勒这种独特的个性造成了他个人生活的简单程式化。洛克菲勒不像有些大富翁那样，有了钱后，开始过着一些奢华、萎靡的生活。

他忠于家庭，热爱妻子，几十年如一日，他没有什么艳遇或罗曼史，他对其他女人的兴趣几乎是一片真空。

洛克菲勒生活简洁的个性也体现在他的家庭布置上。他在纽约的家谈不上漂亮和雅致，更算不得豪华气派，一切都只从实用出发。他喜欢和煦的阳光，所以，家中大厅里的窗户全不用窗帘，家具也不讲究色彩，木料用的也是当时非常普通的深色的桃花心木。在他的家里，看不到美与华丽的巧妙结合，整个布置显得很单调，却很实用。

在经年累月的商场竞争中，克利夫兰的福里斯特山是唯一能令洛克菲勒好好休息的地方。那是洛克菲勒的一座山庄，山庄上成片成片的树林，偶尔还会勾起他对童年乡村生活片段的回忆。洛克菲勒在那里养马、宴客，常常和自己的妻子、儿女以及年老的双亲在那里度过整个安逸、宁静的夏季。

除了生意外，如果说洛克菲勒还有什么嗜好的话，勉强可以算上的就是骑马了。这是他唯一喜爱的运动。当感到精神疲惫时，他就去骑一小会儿马。他时而在原野上飞驰，时而又在树林里策马信步，倾听大自然中的鸟鸣和风动。下了马后，他往往又能精神矍铄地回到办公室处理文件了。

洛克菲勒能够成为全美最富有的人之一，和他的这些优秀的品质不无关系。当然，最主要的还是少不了他对自己事业的用心。

洛克菲勒对自己事业的用心可以从下面这两个小故事中看出：一次，洛克菲勒和朋友一起沿着一条乡村公路走，路上看到一个小男孩，他坐在马车上，拉着几个木桶在路上飞奔。两个人都注意到这个快乐的男孩在风和日丽的蓝天下吹着口哨，欢喜奔腾的样子。顿时，朋友的情绪也受到了感染，不由得笑起来，而洛克菲勒却沉着脸说："这个年轻人一辈子都不会有成就。"朋友迷惑不解地问他为什么，洛克菲勒回答说："因为他心里不想着赶马，而这是他的正经事。"

洛克菲勒的孙子纳尔逊在一篇关于标准石油公司的大学论文中，讲到祖父洛克菲勒的另一个故事：一次，标准石油公司的一个炼油厂不慎起火，火势迅猛，很快烧毁了厂房。洛克菲勒得知后来到火灾现场。可奇怪的是，他并没有跑来跑去地发号施令救援物资，也不去帮忙扑灭烈火，而是一个人站在那里，拿着纸和笔画着一幅新的炼油厂图样，在图样上详细地标出了油塔和厂房，回头叫来一位建筑工程师。最后，他郑重其事地说："失去旧厂房，我们马上就在这儿盖新厂房，我们要吸取教训，防患于未然，这类事的发生率要尽力减少到零。"说完便回到车里，准备回总部。

他就是如此的冷静、有条不紊，又如此的务实。在工作中，他不愿浪费一点点时间和精力在其他东西上。

当然，洛克菲勒的成功也少不了职工的功劳。洛克菲勒是个杰出的领导者，他从不试图单独经营标准石油公司，而是始终把发掘人才作为自己公司的首要任务。在对外说起标准石油公司的成功经验时，洛克菲勒总结了这样一句简单的话："一群人聚到一起后，能够一直抱成团地工作。"

确实，无论是什么公司，单靠一两个人是难以成就大事的。洛克菲勒不是一只孤独的狼，而是领着一群狼的领袖。在标准石油公司里，除了久经考验的忠智之士弗拉格勒和精明能干的亚吉波多外，还有擅长记录和整理的威廉·洛克菲勒，以及喜欢出奇制胜的亨利·H. 罗杰斯、哈克纳斯、查尔斯·普拉特、奥立微·H. 潘安等人。毫无疑问，洛克菲勒拥有的这个人才济济的队伍是全美乃至全球最能干的管理队伍。

5. 第一摩天大楼

洛克菲勒在占领了美国的大部分石油市场后，开始逐步把公司的经营重心向海外市场扩展。为了方便海外业务的拓展，洛克菲勒首先决定将公司总部迁到纽约，离开了自己的发迹之地克利夫兰。

在纽约百老汇大街，有一座亮丽的大厦，高14层。现在看来，14层只是一个普通的楼房。但在当时的纽约，它可是被称为第一摩天大楼。标准石油公司的总部就设在这里，洛克菲勒则住在旁边一座普通的旅馆里。多年以后，他才花了60万美元买下了附近一栋四层楼的褐色建筑物，在纽约也为自己安置了一个家。现在这栋位于54街4号的楼房依然保存完好，成了极富有纪念意义的一处观光地。楼房里的设置非常普通，普通到很多人在参观后都不由地感慨："洛克菲勒真的是个不会享受生活的人啊！"

进入这栋建筑物后，我们会觉得像是进入了大学生公寓一样，里面几乎没有进行任何装饰，根本看不出这里就是亿万富豪的住所。

一楼的客厅非常宽敞，洛克菲勒一家每周都会齐聚这里，举行家庭式《圣经》唱诗会，洛克菲勒从未缺席过这一活动，他喜欢一家人其乐融融地团聚在一起，享受着轻松愉快地讲故事和唱诗歌的乐趣。

穿过客厅往里走是一个小型滑冰场，当时室内滑冰运动才在美国兴起，是一种十分新潮、有趣的运动。每逢星期天，这个滑冰场就成了洛克菲勒招待浸信社会教友的活动场所。

在洛克菲勒安置好新家的同时，标准石油公司在纽约的运转已经完全步入正轨，公司进展顺利，公司的一切业务都有专职人员悉心打理。但洛克菲勒还是一如既往地认真工作，没有丝毫的放松与懈怠。他还是每天准时起床，然后穿戴整齐地来到办公室上班。

公司下属的所有部门，包括子公司以及海外公司，相关负责人每个月都要来到公司的纽约总部，汇报各项工作的进展情况。这是洛克菲勒升任为公司执行委员会主席后最为重视的例会，因为他没有时间去各地仔细考察，只有通过听取报告来掌握公司的整体发展速度。所以在例会上，他会非常专注地听取报告，不时提出心中的疑问或是纠正下属的错误。

会议过后，洛克菲勒会做一个详细的总结，他从来不曾漏过会议上的任何一个细节。这一点不仅给汇报工作的下级留有深刻印象，连他的孩子们也赞叹："父亲的脑子一定是一部神奇的机器，记忆力惊人。"

无可置疑，洛克菲勒确实有着非同一般的管理头脑。16岁找到第一份工作，那时的洛克菲勒还是一个稚气未脱的孩子。一转眼，40年后的洛克菲勒，已经拥有了一个属于自己的石油王国，他就是拥有至高权力的国王陛下。

6. "心狠手辣"的标准石油公司

1893年，洛克菲勒购买了一块离纽约州不远的土地，在那里盖了一栋别墅，决定在那儿安享晚年。用了3年时间，别墅终于宣告竣工。洛克菲勒先是将一些贵重家具和私人财物搬了过去，除了纽约总部的几个下属知道这件事外，对外人一概保密。没有人知道洛克菲勒就这样悄悄地离开纽约，准备退居二线了。

搬家的事情处理完，洛克菲勒很快移交了公司的大权，第一副总裁亚吉波多接管了标准石油公司。当洛克菲勒离开的时候，天空下起了大雨，很多老员工拉着他的手久久不愿放开。洛克菲勒微笑地看着这几位跟他一起打拼天下的老朋友，安慰道："又不是上帝在催我上路，我只是退居二线而已。放心吧，必要时我还会助你们一臂之力的，机构还是以我的名义运营吧，但愿我的名字能给你们带来好运……"

从爱迪生发明电灯以后，煤油灯在美国已渐渐退出人们的视野，"光明使者"称号也随之冠在了爱迪生的头上。为此，石油工业似乎一度要跌进低迷期。然而不久之后，柴油机和福特汽车的诞生又给石油工业带来了新的春天。短暂低潮后的标准石油公司依然稳坐石油王国的宝座，没有人能够撼动它坚实的龙头地位。

退居幕后的洛克菲勒仍然是标准石油公司的主导，公司里的重要决定都要通过洛克菲勒的批准。包括委员会的人员任免，子公司的人员安排和调整，都要遵循这位"尊贵的国王"的旨意。只是，此时的洛克菲勒不需要每天再坐在办公室里，而是惬意地待在别墅里，在挥动高尔夫球杆时，或是在午后乡间别墅喝茶的时候……听取汇报。

幕后的洛克菲勒作用依然巨大，标准石油公司在他的遥控下继续大踏步地发展壮大。标准石油公司的海外根基也越来越深、越来越广，就是世界上一些非常落后的穷乡僻壤，也能看到人们用牲畜拉着马车运送标准石油公司的产品。沿着亚洲苏门答腊海岸直至印度半岛到处都有标准石油的批发商和零售代理商。对于中国这个庞大的市场，标准石油公司更是不遗余力，他们派遣专门的油船驶进中国港口城市，把煤油送进当时还处于动乱时期的中国内部，那时，中国每10个油灯里就会有一盏标准石油公司生产的"美孚灯"……

在退居二线后，洛克菲勒的日子过得并不太平，除了公司里的一些事务还要劳烦他外，外界开始出现越来越多攻击他的文章。

可能是对手的唆使，或是人们对他财富的嫉妒，以及一些别有用心的人的挑拨。很多报刊和新闻社登出的文章极尽骂人之能，说洛克菲勒是刽子手、恶狼、蛇蝎、强盗、吸血鬼……正是因为做生意不择手段，他才挣得了如此多的财富。可以说，词典中所有能找到的攻击和谩骂的词都被用上了。一时间关于洛克菲勒的事被炒得沸沸扬扬，就连美国总统和国会都不得不将注意力放到标准石油公司及洛克菲勒身上。

所有这一切，大有山雨欲来风满楼之势。美国国务院曾经数次命人调查标准石油公司的经营状况，以及洛克菲勒的个人生活，他们似乎要把洛克菲勒所做的每件事情全部暴露出来。

面对这种情况，标准石油公司的董事会第一时间做出反应，他们从报纸中找到了辱骂洛克菲勒和公司的所有文章，并且把它们全部收集起来装订成一大册，然后带着它们来到洛克菲勒的庄园。当公司的总裁和董事们拿着这些资料，站到洛克菲勒面前讨教应对之策时，洛克菲勒只是摆了摆手说："不必答复，什么都别说，就让所有的事情在沉默中过去吧……"

不久，法院开始连续造访洛克菲勒的庄园，但多次调查都被洛克菲勒轻松地应付过去。他既不解释也不做更多的透露，每次都只是简单地回答："不好意思，我不记得发生过这样的事……""我不认为有过这样的事，那可能只是一个误会……""这种没有根据的一味指责也许只是他们个人的仇恨和嫉妒……""先生，我是真的想不起来了，你可以想想，以我们现在的实力，会选择这种手法去获得低运价吗？那对我们不是利，而是弊。如果我看这件事，会看看说这些话的人是怎么做的……"

那段时期，洛克菲勒每天都要面对一些"质问"，他更是被迫频频出现在各种调查会上。当然，随着洛克菲勒一起出现在公众视野里的还有一支庞大的律师团队。

有一家晚报记者这样描述洛克菲勒在调查会上的独特"风采"："他手执文明杖，头戴礼帽，身穿一件青色大衣。脸色虽然暗沉，但眼睛依旧炯炯有神。他坐在自己的指定位子上，敞开大衣，叉开双腿，双手不断摩挲着膝盖，眼睛不时望向调查会委员和窗外。他看起来还是一如往常的绅士。只是回答起问题来和他一贯的风格相差很大，经常答非所问，有时甚至令人啼笑皆非。总之，坐在那里的洛克菲勒不像是在接受调查，反倒有些像是在演独幕哑剧，显然，这场哑剧的幕后导演就是后面坐着的律师团……"

"这场调查会真是让人大开眼界，你不仅可以看到洛克菲勒炉火纯青的表演，更可以不断听到'健忘症'式的回答：'我想不起来了'。"一位《世界日报》的记者如此回忆说。

这场热闹的风波过后，人们并没有完全"放过"洛克菲勒。1894年，一本名为《个人财产对抗公共财富》的书，又一次掀起了人们对洛克菲勒的关注热潮。作者劳埃德在书中用"自封为世界之光的总统"影射洛克菲勒，将他贬得一无是处。

这本书印了25万册，成为风靡全美国的畅销书，还创下了美国当年出版物的发行纪录。随后，新闻媒体、消费者和油商们连成一气，对洛克菲勒的谴责铺天盖地而来，攻击已经不止针对洛克菲勒一个人，还包括新上任的总裁亚吉波多。

亚吉波多在接手公司后不久就违背了洛克菲勒在任时的行事准则：不准开拓其他业务。标准石油公司开始涉足越来越多的行业。另外，在传统的石油项目上，为了弥补竞争中的损失，公司也提高了油价。

而此时，舆论矛头却全部指向洛克菲勒，把一切都归罪到洛克菲勒的头上，认为是他在幕后操纵一切。洛克菲勒这位大富豪也只有忍气吞声地替人受过了。

1897年9月18日，《世界日报》上刊登了这样一篇危言耸听的文章："站在整个美国石油行业塔尖儿上的标准石油公司的大佬们，他们个个都是嗜人血、吃人肉的恶魔，他们翻手为云、覆手为雨地干涉着整个世界的行进秩序，只为了满足一己私欲不管任何人的死活，掠夺老人、儿童口袋里的每一分钱。他们简直是一伙组织精良的强盗……"但不管人们怎么攻击，洛克菲勒只是充耳不闻，而标准石油公司依然屹立在石油行业的最顶端。

7. 以不变应万变

其实，人们不应该过于苛刻地指责洛克菲勒和标准石油公司。现在回过头去看，标准石油公司的成长、发展以及壮大的过程，也是整个美国资本主义经济发展历程的一个缩影，而且也是双方相互助长的结果。后来，美国的经济学家也指出，19世纪末美国出台的许多政策其实都直接或间接地帮助了标准石油公司，加快了他们对外拓展业务的速度。现如今，"心狠手辣"的标准石油公司更是成了人们眼中美国资本主义制度的一个最突出的代表。

在二十世纪初，标准石油公司几乎成了美国的代名词，人们一说到美国，首先想到的就是标准石油公司。标准石油公司的命运已经和美国的命运紧紧地绑在一起。美国驻东南亚外交使曾为标准石油公司提供了许多拓宽业务的情报，它们以绝密的方式通过外交使交到标准石油公司手中。相应地，洛克菲勒则返还给外交使数额巨大的金钱报偿。

而"美孚牌"煤油灯进入中国后，也是靠着一名叫约翰·杨的美国公使推广的。他用一种画有插图漫画的广告宣传"美孚"洋油，在中国帮助标准石油公司推销。这位中国通不仅亲自用中文书写广告，宣传灯的方便实用，还通过各种渠道在上海、广州、厦门、南京、汉口、长沙等大中型城市找到许多经销商、代理店，向中国居民免费赠送灯盏里注满了煤油的"美孚灯"。"美孚灯"就是这样以美国政府的形象被推销进了中国市场。

即使是洛克菲勒本人也毫不避讳，他曾坦言自己与美国国务院官员关系密切，而且自己的生意之所以在海外市场无往不利，也都是因为有政府的大力支持和帮助……

标准石油公司的顺利发展让洛克菲勒拥有了越来越多的自由时间，他每天怡然自得地生活在自己的庄园里，种种花草，打打高尔夫，有时候和身边的人聊聊家常，和他宠爱的波斯猫逗逗乐。偶尔还会有些外界的攻击和批评，洛克菲勒全都当作耳旁风，一律不予理会。他经常对孩子们说："别人怎么看待我洛克菲勒，这对我是微不足道的，我一点也不会在意，他们也许是出于误解，或者是由于忌妒，有时候还是出于一些特殊的需要。"他认为是非自有公论，任何事的对错，时间和历史终会给出一个公道的答案。

也许正是因为洛克菲勒从来不辟谣、不解释，人们反而越来越多地对他感到好奇。后来，有一本叫作《标准石油公司的来龙去脉》的书，号称是"1904年黑幕新闻书刊力作"。这本书一出版，立即引起了巨大反响。原因就在于，作者艾达·塔贝尔并不像之前的评论家一样，只对洛克菲勒及其公司进行指责与谩骂，而是先肯定了这样高度合作团队的雄才大略与精明强干，然后才笔锋转向了揭露和痛斥公司背后的黑暗。文笔犀利，似乎在很"公正"地评价标准石油公司及洛克菲勒，而且每一项"指控"都有理有据。

《标准石油公司的来龙去脉》翻印多次都被抢购一空，可洛克菲勒翻看了这本书后，把它往桌上一扔，只说了一句话："愚人之见，不值一提。"其实，这本书的大卖与作者的亲身经历不无关系，艾达的父亲曾经营过一家石油公司，后被标准石油公司吞并，她的家庭也因此陷入绝境。这不免会引起人们的无限同情。

洛克菲勒虽然对外界的批评丝毫不以为意，但对美国政府的政策改变却是非常上心。由于标准石油公司长期的垄断，美国政府开始渐渐感到不安起来。后来，为了降低像标准石油公司这样的垄断集团的势力，美国政府颁布了针对垄断企业的法律《谢尔曼反托拉斯法》。

1911年5月的一天，洛克菲勒和他的公司迎来了美国联邦最高法院的裁决书。裁决书上这样写道："这是有密谋地策划的一系列伤害人民的行为。为维护美利坚合众国的国家安全，本院命令，标准石油公司要在11月15日以前停止自己的阴谋。"这只是一个迫于受到损害的广大消费者和中小企业主的压力做出的裁决。而羽翼已丰的洛克菲勒和他的公司的快速发展，已不是最高法院的一纸裁决能够阻止的了。

其实，自从《谢尔曼反托拉斯法》颁布后，标准石油公司一直都在钻法律的空子。他们不止一次被发现有违美国1890年颁布的《谢尔曼反托拉斯法》。俄亥俄州政府曾颁布过一项州法令，州内任何一家公司都只能拥有俄亥俄州的股份。

为了摆脱州政府法令对公司发展的束缚，洛克菲勒很快就想出了对策。他叫来了专门负责这方面的律师，命他们起草了新的法律文件，将公司多数股东手中持有的股票份额"委托"给另外的三个人。这样一来，委托的那3个人就能合法地拥有其他各州公司的股份，再到后来，由委托3个人变成了委托9个人。

又过了一段时间，美国有一些州宣布托拉斯是非法机构的时候，洛克菲勒立即在其他几百个公司里参股，而且把公司总部迁到了新泽西州。当时，新泽西州是少数没有颁布反托拉斯法律的州之一，相反，新泽西州对这些外来的大公司表示热烈欢迎，因为他们的到来会给新泽西州带来一大笔可观的税收。

洛克菲勒为了能在新的地方更好地发展下去，特意将公司名称由托拉斯改为持股公司。换了名字的公司一切仍按照洛克菲勒原来的规划在运作。

为了应对洛克菲勒新的策略，美国联邦最高法院制定了新的决策。他们命令洛克菲勒放弃新泽西州的所有子公司，不能再让这些公司成为一个联合企业整体。而且，要求洛克菲勒把已经换成新泽西州石油公司的股票退还给原来的股东。

这一新的决定赢得了人们的欢呼，特别是对中小企业主和即将倒闭的企业主来说，这像是个里程碑式的决定，只是这个决定似乎已经来得太迟了。洛克菲勒的企业已经变得更为庞大，已经完全掌握了新泽西州石油公司的股份控制权。等联邦法院的裁决下来以后，洛克菲勒已经拥有33家规模大小不一的石油公司，这些公司的四分之三以上的股票都牢牢握在他的手中。

1912年初，标准石油公司所拥有的股票再次大幅上涨：纽约和新泽西两地的公司每股股票价格增长了一倍以上，大西洋公司的股票涨了3倍，印第安纳州在9个月内涨了6000美元。

洛克菲勒的财产在短短12年里翻了近五倍，从2亿美元增加到9亿美元。就在石油行业的其他商家以为联邦法院击垮了标准石油托拉斯时，却不知道，在那几个月的时间里，标准石油公司的市值增加了2亿美元。洛克菲勒也成为当之无愧的世界首富。

1. 堪称楷模的好名声

说起经商，洛克菲勒曾饶有兴致地回忆起一件往事。一天，他正为资金周转的事发愁，一边在街上散步，一边苦思从哪里能弄来1.5万美元。正在此时，一辆马车停在他身边，原来是一位银行家路过这里，看到洛克菲勒他就停下打招呼，银行家笑着打趣道："洛克菲勒先生，要不要借5万美元？"真是踏破铁鞋无觅处，洛克菲勒正急需钱，立即就有人来送钱了。可内心兴奋的洛克菲勒却丝毫没有流露出自己的情绪，注视了对方好长时间后，他不紧不慢地说了句："您能给我一天时间考虑吗？"洛克菲勒相信，这么一来，自己就能以最优惠的条件借到钱。可以看出，洛克菲勒很懂得如何让"狡诈"的债主们放松借债的条件，最行之有效的方法就是在借钱时从来不让债主看到你心急的样子。

保持平静的心态只是洛克菲勒众多优良的品质之一，在商业上能够获得如此大的成功，洛克菲勒身上所拥有的优良品质可谓数不胜数，比如他无论在什么情况下都坚持说实话，商讨问题的时候从来不掺杂没用的东西，还钱时干脆利落绝不拖泥带水……正是因为这些优良品质，他才总能得到银行家的信任，借得大量的贷款。在银行家眼里，洛克菲勒的名声就是最好的抵押。

在洛克菲勒创业的过程中，银行给了他最大的支持，曾无数次把他从水深火热中解救出来。有一次，洛克菲勒的一家炼油厂失了火，损失很大，可保险公司却迟迟没有给予赔偿。为了生意的正常运转，洛克菲勒需要银行的贷款，但此时银行的董事们在是否继续贷款给洛克菲勒上犹疑不定，他们担心洛克菲勒没能力偿还。关键时刻，斯蒂尔曼·威特董事帮了洛克菲勒的忙，他坚持借钱给洛克菲勒，并让秘书拿来了自己的保险箱，然后对其他的董事会成员说："听着，先生们，这位年轻人很了不起！他一直以来的表现都值得我们信任，如果是他借钱，我们应该毫不犹豫地借给他。如果真的需要什么担保。"说到这里，他把自己的保险箱放在桌上，"那么就用这些钱吧，这是我的保险箱，我愿意为他作担保，他想借多少都行！"

还有一次，由于他能从银行取用大笔资金，才成功收购了一家重要的工厂。那次收购和以往有些不同，几十万美元，全部要现金，证券之类的经济权益凭证完全派不上用场。洛克菲勒是在中午的时候才知道这个消息，而他要坐下午3点的火车去完成炼油厂的收购。在这么短的时间里筹到几十万美元的现金，难度实在太大了！

洛克菲勒立即马不停蹄地奔走于一家又一家银行之间，不管遇到谁——银行总裁还是出纳，都请求他们给自己预备现金，尽可能多的现金，过一会儿他就来提钱。他先是挨个通知了城里的各家银行，然后又赶着去逐个银行里取钱。最后的结果是，洛克菲勒顺利地筹到了足够的资金，并带着这笔钱登上了3点的火车，成功地收购了那家炼油厂。

能够在如此短的时间内筹借到这样一笔巨款，没有与银行长期良好的合作信用，是绝对不可能做到的。

任何成功的创业都离不开雄厚资金的支持。洛克菲勒的成功也是。不明白这一点，你也许永远无法理解他为什么能取得如此惊人的成就。因为洛克菲勒的良好品质，使得他无论在经济繁荣的时期还是经济大衰退的时候，总是能够比其他人掌握更多的资金，也拥有比别人更多的、更好的选择机会。而正是因为如此，他才能够在一次次激烈残酷的商场竞争中生存下来，夺取最后的胜利。

由于他在筹借资金方面的超强能力，27岁时，洛克菲勒便受到一家火灾保险公司的邀请，担任了董事职务，两年后，又出任了俄亥俄州国民银行的董事一职。不到三十岁的洛克菲勒能在短时间内就从一文不名的穷小伙成长为一个大老板，人们在羡慕的同时也对他充满了尊敬。虽然日后有些人对他和他的标准石油公司进行了恶狠狠的批评和攻击，但在商界，他绝对可以称得上是所有商家的榜样。

2. 宗教与资本的融合

有人说："身为一个基督徒，当洛克菲勒从别人手里掠取金钱时，心里就不感到愧疚和不安吗？"关于这一点，洛克菲勒在接受采访时曾说过这样一段话："我相信，自己经营公司，创造财富的能力是上帝赐予的。这是一种天赋，就像是艺术家的艺术天赋一样。或许，每个人都有属于自己的天赋，既然拥有天赋，就应该好好珍惜和运用它。我的天赋就是经商，创造更多的财富，然后用这些财富来服务于我的同胞。"

在洛克菲勒心中，上帝是自己的盟友，是标准石油的荣誉持股人！如此一来，他又怎会为赚钱而感到愧疚和不安呢？

洛克菲勒一直认为，基督教和资本主义之间毫无矛盾，而且可以完美地融合在一起。在建立石油垄断组织期间，洛克菲勒表现出许多浸信会传教士般的性格特点。采油和炼油行业也被他蒙上一层独具宗教色彩的神秘面纱。"这个过程像奇迹一样，"他曾经这样说，"石油是上帝对我们的恩赐！漆黑的油能够为人们带来耀眼的火和光。"洛克菲勒能够做出这般总结，一方面是由于从小受母亲对他的教化影响，另一方面是出于他需要给自己急速拓展的商业策略赋予更高尚的含义，美化对金钱的追求，让自己的事业成为一种神圣的使命。

在19世纪70年代初期，面对石油行业混乱不堪的状况，洛克菲勒想把自己在浸信会学来的教义注入石油行业里，而他确实也做到了这一点。标准石油公司就像是石油行业里的浸信会，把炼油商从混乱的局面中挽救回来。

另外有一点值得注意，就是无论在什么场合，洛克菲勒阐述标准石油公司的理念时总是喜欢用他特有的宗教比喻。在标准石油公司大肆吞并其他炼油厂时，洛克菲勒曾这样说过："标准石油公司就是一位仁慈的天使，从天国伸下手来，说：'到方舟上来吧，带上你们的家当，让我们共同承担一切风险！'"他把标准石油公司视为帮助炼油商摆脱蒙昧的使者。

洛克菲勒的这番话自然是遭到了无数炼油商的批评和攻击，他们说洛克菲勒是一个披着伪善外衣的饿狼。但洛克菲勒却一直认为自己的行为是友善的，他曾多次强调："我只想告诉所有人，标准石油公司并不是为了掠夺或毁灭其他人，而是致力于帮助所有人……我们所做的一切，都是从善良的方面来考虑的，甚至可以说是神圣的。目的就是把这个即将垮掉的行业从泥沼里拉出来。可是，竟然有人污蔑我们在犯罪！这根本是毫无道理的恶意攻击。标准石油公司更像是一个传教士，为整个社会服务。"

在洛克菲勒心中，标准石油公司的存在，为石油业建立的秩序，让石油业变成一种正常的、被人认可的行业。作为公司的管理人，他和自己的同事是秩序的建立者，尽量为弱小的竞争者争取一些利益。可是，他们的耐心也是有限度的，如果有一些恶劣商家执迷不悟，非要和标准石油公司作对，那自己只能给这些人以痛击了。

由于毫无怜悯之心地鲸吞着一家又一家行将倒闭的企业，洛克菲勒常常被人看作是一名社会"达尔文主义"者，以强者之态残杀、淘汰了所有的弱者。然而，洛克菲勒的看法并非如此，在标准石油公司兼并和收购其他企业时，洛克菲勒曾声明过这样一个理论："在过去的岁月里，天空、陆地和海洋中，适者生存的斗争发挥着无可置疑的作用。然而，当标准石油公司提出合作的方案时，这种斗争就不复存在了。我们以公平的态度对待每一家公司，所以才能得到大多数公司的支持，原来的反对者也都加入到这个大家族中。因为所有人都明白，想获得更大的成就，我们必须集中管理，合理地利用每一份资源。只有合作，才能实现双赢。"这一理论，完全驳斥了那些批判他为社会达尔文主义的言论。

就这样，在宗教信仰和商业资本的奇妙结合下，最终洛克菲勒建立了一个庞大而又独具意义的标准石油公司。

3. 敏感多疑的性格

不同的商业家所拥有的品质也有所不同，但有一种品质却是必不可少的，就是要坚守商业秘密。这一点，洛克菲勒身上显得尤为明显。可能是因为他那不同寻常的童年成长经历，使得他较一般人更加敏感。后来，随着公司业务的不断拓展壮大，他更加注意严守秘密，而且几乎到了疑神疑鬼的地步。

有一天，他发现一个下属在和一个陌生人说话，稍后便特意询问下属那个人的身份。尽管下属一再表示那是自己的一个朋友，洛克菲勒还是告诫他："说话一定要小心。他来这里想干什么？别让他得知了公司里的什么信息。"下属回答："他确实是我的一个好朋友，而且他没有问任何事情，只是来看看我。""或许你说得对，"洛克菲勒说，"但是，没有人真的知道他的想法。我们一定要谨慎，十分谨慎！"

洛克菲勒十分重视保密工作，尤其是在收购或合并其他企业时，就更加慎重了。在对外正式宣布收购或合并以前，他要求对方必须继续使用公司原有名称经营，绝对不能向外界透露任何与标准石油公司有关的事。即使在一些细节之处，洛克菲勒也从不掉以轻心。就拿两家公司联络来说吧，他告诉对方要使用公司原来的信纸，开设保密银行账户，避免在书面材料中提及他们与标准石油公司的关系，这样便能避免银行得到什么消息。他们与标准石油公司相互联系时，一般都会使用密码。

洛克菲勒这么做，除了是担心公司的动向会泄露给对手外，还有一个原因是为了避开"反托拉斯法"。当时俄亥俄州有明文规定，反对标准石油公司的托拉斯形式。这是洛克菲勒针对"反托拉斯法"的权宜之计。标准石油公司在整个美国的公司基本上都采取了类似的经营方式。

另外，在保密问题上，洛克菲勒也会告诫被合并的炼油厂的老板们，千万不能炫耀，免得别人怀疑。

一次，洛克菲勒和一位来自克利夫兰的炼油商人达成了收购交易，当晚他就请这位商人到自己的家里。洛克菲勒开门见山地说："请对这份交易合同严格保密，如果可以，即使是对你的妻子也不要说。从现在开始，你可能会赚到很多钱，但不要让别人知道你赚了大钱，不准张扬，不讲排场……"

后来，洛克菲勒的每次交易总会这样非常秘密地进行和完成，所以一些石油公司的经理不由得担心，万一被收购厂子的老板突然去世的话，他的后人都有可能因不知情而认为自己还是厂子的继承人呢！

而如果有人违背了洛克菲勒关于保密的忠告和原则，哪怕是一个炫耀的行为也可能会导致合同的终止。

有一次，洛克菲勒和朋友韦林一起乘坐火车，在路过一片山坡的时候，韦林突然指着远处一座豪华的别墅说："那座房子真漂亮。你知道它是谁的房子吗？是你的合作伙伴霍珀先生的。"洛克菲勒一听，立即沉下脸说："哦，他帮助我们公司做油桶。这座别墅确实漂亮，一定也十分昂贵。我想这个人是不是挣得钱有点多，回去要调查一下。"回到公司，洛克菲勒查阅了与霍珀合作的项目，觉得给霍珀的利益太高，就中断了合同。

在外人看来，洛克菲勒似乎是有些谨慎过头了。但不得不说，小心驶得万年船，由于洛克菲勒的谨慎多疑，在1890年"反托拉斯法"成立后，美国很多大财团、大机构立即被迫解散了。而标准石油公司直到1911年才被拆分开来，为公司日后的发展赢得了充分地准备时间。

洛克菲勒组成的标准石油托拉斯有40家公司入伙，其中有14家公司的财产所有权属于洛克菲勒，这个组织虽然非常的庞大，运行却井然有序。40家不同规模、不同经营方式的公司能够像共同体一样生存，而且还成功地抵制了外界对它的窥探，这无不得益于洛克菲勒小心谨慎的性格。

"如果根据财产来衡量标准石油公司的话，那它就是能看得到、摸得着的实物，然而当你想要清楚地说出来时，就又会觉得哪里似乎又不对，总有一种弄不明白的地方在，而你又说不出来……"一个美国政府企业调查小组的人曾这样说，"洛克菲勒的商业眼光远超过其他人。"

虽然洛克菲勒有着敏感多疑的性格，但因为具有卓越的远见，他做事从来不会优柔寡断，浪费掉成功的机会。

1886年，在美国俄亥俄州的西北部和印第安纳州东部，有石油商发现了一个新油田——利马油田，可惜这个油田的含硫量很高。虽然这批"酸油"价格便宜，每桶仅价值0.15美元，但由于当时的提炼水平还无法从中提炼出可以使用的煤油，所以，很多专家都主张放弃这次收购。然而洛克菲勒却坚决主张收购这批低价劣质油。他的决定让参与会议的其他董事都大为惊诧，心想："要做这种'不可能完成'的生意，看来公司一定会赔得很惨了。"

由于公司大多数董事都反对这次收购，洛克菲勒只好自己筹集了几百万美元，购进了一大批"酸油"。为了提炼这批油，他又重金聘请了一位知名的德国炼油专家霍尔曼·弗拉希。霍尔曼来到美国后，立即赶往利马油田，在那里一直待了整整两年的时间。他经过成百上千次的试验，终于找到一种方法把原油里的硫脱离出来。当洛克菲勒将这份报告拿给董事们看时，大家都不约而同惊讶地瞪大眼睛，激动地鼓起掌来。

而洛克菲勒在全体员工会议上也是非常高兴地说："朋友们，我们的机会来了，感恩上帝怜悯我们花掉的试验费，酸油马上就要为我们带来巨大的盈利了……"脱硫试验成功后的第三年，人们曾敬而远之的劣质酸油的价格已经翻了七番，从每桶0.15美元涨到了1美元。市场已经开始对此有需求，洛克菲勒立即决定，在利马这片储量巨大的油田建立当时世界上最大的炼油厂。利用霍尔曼的技术，对原油进行脱硫处理，靠着这块油田，洛克菲勒收入了近3亿美元的利润。

此时人们对于洛克菲勒的眼光、远见、财富这些都已不再是嫉妒，而是开始仰望他的高度了。就连石油行业的竞争对手也无不赞叹地说："洛克菲勒总能赚到钱是因为他手里拿着望远镜，我们的见识远远不能和他相比。"

4. 精打细算的"簿记员"

每每说到事业的成功，洛克菲勒总是会回忆起自己的第一份工作。那时，他只是一个普通的簿记员，这让他对数字有一种特殊的偏好。在他看来，正确的数字就是金钱，没有准确的数字来引导生产就像是盲人骑马，终究是会摔跤的。毫无疑问，洛克菲勒对数字有着天生的敏感性，对于会计、统计学的知识，他完全熟知，可以称得上是企业里算数大师级的人物。

工作中，洛克菲勒也总是把这种"精打细算"的精神带给每一名员工，他教育自己的下属："我们要关注每一分钱的价值，每一厘钱的利润，竞争加大后，利润开始降低，但只要抓住每一个小细节，就会赢来大收益，所以计算要绝对精确，成本要计算到小数点后二位、三位……"

如果有员工违背了这种精神，就很有可能失掉饭碗了。一次，每月例行会议后，洛克菲勒在详细查看成本报表时发现，同样的两个炼油厂，他们的煤油提炼成本却差得很多。再次确认后，洛克菲勒一分钟都没耽误，立刻写信质问成本高的炼油厂负责人，要他说明同等条件下为什么东厂提炼成本比他们西厂低0.0091美分。很快，这位负责人就丢了职位。新上任的负责人花了9个月的时间才终于将提炼成本降到了东厂的水平。

努力将成本降低，一直以来都是洛克菲勒销售策略中最为关键的一项。"我们的客户需要的不仅是好的产品，而且要便宜。我们只有做到成本低廉，才能低价销售，在薄利多销中获得利润。我们既要以物美价廉赢得顾客，更要以这种低价方式击败对手，也只有信誉上去，我们才能赢得更多订单，公司才能更加快速地运转，生意红火。只有公司挣到更多的钱，我们才能够有更多的收益……"

所以，当洛克菲勒公司的产品开始面向全球市场时，很快就以质优价廉征服世界80多个国家和地区。因为品质和价格上的保证，洛克菲勒从来不害怕竞争对手的任何突然袭击。

洛克菲勒除了自己拥有非凡的数学管理才能外，也非常看重具备这种能力的下属。当初在聘用秘书乔治·戴维森·罗杰斯的时候，洛克菲勒特别考察了他的数学才能：洛克菲勒拿出怀表，看罗杰斯是否能在规定时间算出结果。当年轻的罗杰斯算完后，洛克菲勒满意地点点头："不错，没有超出规定时间。"罗杰斯立即得到了一份工作，并很快就成了洛克菲勒的秘书。

罗杰斯任职秘书期间，也接触到了洛克菲勒不少对于钱款严肃认真的趣事。一次，洛克菲勒下班回家，刚离开办公室就发现自己忘了带零钱包，因为要买点东西，他问罗杰斯借了5美分。当罗杰斯表示不用还时，洛克菲勒直摇头："不能不要，要知道，5美分可是贷款1美元1年的利息呢！"

洛克菲勒从小就擅长计算，这似乎是他一种与生俱来的能力，他也常说，自己的成功有很大一部分是得益于过人的计算能力。一次，洛克菲勒在与戴维·霍斯台特博士商谈关于哥伦比亚管道公司的收购问题时，洛克菲勒先是沉默不言，让戴维一直滔滔不绝地说了半个小时，而他却不停地盘算怎样支付利息才对自己最有利。而最终，霍斯台特接受了一直在精打细算的洛克菲勒的条件。靠着在谈判过程中一刻不停地计算，洛克菲勒为公司省下了整整3万美元的利息。

和计算相比，洛克菲勒一直不太重视自己专业技术方面的知识，他曾说："我从来没觉得自己需要掌握什么科学知识，从来没有。想在生意圈里发达的人不需要学习过多的物理或是化学知识，只要有钱，科学家到处都可以雇得到。"

当然，这也不代表洛克菲勒从来没管理过公司技术上的问题。在标准石油公司成立初期，他经常巡视各个工厂，仔细观察生产过程，并对工厂管理人员提出了许多生产技术的改进。他衣兜里，常常装着一个小本子，只要想到了什么改进生产的主意，他立即掏出本子记下来，并尽快催促部门经理予以落实。他很清楚这个本子在下属眼中的威力。洛克菲勒曾不无得意地说："有那么几次，我和几位经理一起吃午餐。当我把兜里的本子掏出来时，他们几个立即变得紧张起来，有的甚至脑门都开始冒汗了。"

这也是洛克菲勒一直以来的工作习惯。每次拿到一项工作，他首先会把工作分为几个特定部分，然后分别找出需要改进的地方。无论规模多大，盈利多少，每家工厂都有继续改进的空间。这是洛克菲勒不断强调的，他要求下属不断追求细节。公司规模越大，越要从细节处改进，一个小处节约1美分，放到整个公司就有可能是几万美元甚至几十万美元。

曾有一次，洛克菲勒去各地的下属工厂检查工作。工厂需要先将煤油装入油桶后密封，然后再将煤油运往国外。洛克菲勒细细地观看了工人给油桶封口的经过，然后他问一位专家："封一个口用几滴焊料？""40滴，所有生产油桶的厂家都是如此。"专家答道。"有没有试过38滴？"洛克菲勒问。专家摇了摇头，洛克菲勒继续说："没有？那么，你们用38滴试一下，看看能不能完全封住。"试验过后，用38滴焊料不能完全封住，油桶稍微有漏油的情况，然后他们又尝试用39滴焊料，结果所有油桶均完好地密封起来。自此之后，密封油桶使用39滴焊料就成为标准石油公司的一项新规定。

这件事洛克菲勒很是引以为豪，退休之后，他还常常和孩子讲起自己的这一决定："不要小看这一小滴焊料，就是这一小滴，在第一年就为公司节约2500美元，而公司的出口业务还在持续上升，先是翻一番，接着翻两番，远远超过当时的水平。而这项节约措施也一直得到坚持，每次节约一滴焊料，这项措施已经为公司省下了几十万美元。"洛克菲勒似乎不会放过任何能够省钱的地方，哪怕只能省下1厘钱，他也会尽全部力量去做。"挣钱好比用针挑土，很不容易。"他曾温和地笑着对孩子们说，"我的钱就是这样挣来的，这就是赚钱的诀窍。"

如此节约的例子数不胜数，仅是制作油桶一项就做过很多细小的改进工作。然而，洛克菲勒如此节约并不仅仅是为了省钱，而是为了再发展，譬如，他要求建设高标准的工厂。这意味着成本会大大增加，但另一方面，他又降低维修费用，把钱省了回来。同时，他还尝试对提炼过程中剩余的残渣加以利用。标准石油公司最初主要出售煤油。到1874年的时候，洛克菲勒开发出售石油副产品，如石蜡、沥青、润滑油、蜡烛、染料、油漆、工业酸和凡士林等。总体来说，成本还是那么多，但却建成了更优秀的工厂。

洛克菲勒做每件事都力求精益求精，即使签名也一样。就有一位秘书回忆道："我曾见他一连签了几百份文件，每个签名都是端端正正的。你能感受到，在他的内心里，那似乎不只是签名，而是在雕琢一件艺术品。"

19世纪末，通信联系和资料的保存方法都十分落后。而如果不能迅速、高效地处理好公司的数据，洛克菲勒是不可能管理好自己庞大的石油公司的。特别是随着公司的不断扩张，洛克菲勒已经很少接触炼油、运输和销售等实际业务，这些都是标准石油公司的最外围的工作。在大多数时间里，他都是坐在自己的办公室里，用心策划公司财务、人事、行政等大方面的政策，引导公司的发展方向。

洛克菲勒使用分类账的方法，让自己手中抓着几根主要的线，可以像操纵木偶一样来管理公司。公司所有的事情他都一清二楚。每天面对大量涌来的不同建议，他都能够迅速做出选择，并准确判断。他具有惊人的反应力，在纷繁复杂的问题面前具有第一流的判断能力。

洛克菲勒曾说："制定公司策略最重要的事情就是把握好数

字。"而他的老对手马克·汉纳却十分厌恶这一点，他嘲笑洛克菲勒是"一个超级簿记"，然而，无论别人怎么看，洛克菲勒非凡的领导才能，对分类账的精彩运用，都是他人无法企及的。数字确实给了洛克菲勒极大的帮助，让他能够清楚地了解到每一个子公司的运营情况，找出公司的不足之处。洛克菲勒就像是一位伟大的战略家，足不出户，却能牢牢地掌握自己遍布世界的石油事业。

5. 彬彬有礼的老板

这个敏感多疑而又"斤斤计较"的老板，在员工的心里是个什么样的形象呢？

"他每天都穿得一尘不染，衣服总是像从包装盒里刚刚取出来的新衣服一样，棱角分明。"一位职员这样描述洛克菲勒的衣着，"他给人的感觉永远都是那么高贵而又沉稳。"

洛克菲勒的皮鞋总是那么明亮，不仅是他，连员工也要把皮鞋擦亮。为此，他还专门给每个办公室配备了一套擦鞋用具。洛克菲勒蓄着金黄色连鬓胡子，每天早上都会有理发师准时为他修剪。洛克菲勒时间观念很重，每次赴约都极为准时，从来不会迟到。"没有谁有权利浪费别人的时间。"是他常挂在嘴边的一句话，这句话也影响着每一个和他接触的人。

洛克菲勒每天的作息时间都很规律，每天甚至每时每分都安排好了事情。所以，他总是能够井然有序地去做一件件工作，从不在一些无关紧要的事情上浪费一点点时间。当然，有时他也会劳逸结合，他说："总把神经绷得很紧并非好事。"比如到了上午10点，洛克菲勒吃一点甜点，喝一杯牛奶，然后再小睡片刻。他做这些都是为了积蓄精力，以便把自己的脑力和精神调整到最佳状态。

洛克菲勒在大多数时间里都是在办公室度过，办公室里挂着一块写字板，上面记录着市场油价的起伏。他做这些的时候总是能够全神贯注，不受周围的一丝干扰。做事集中精力是洛克菲勒留给下属的另一个印象，也是他成功的重要因素之一。有一次，和朋友聊天时，洛克菲勒说："我们之中的许多人之所以毫无成就，不就是因为精力不够集中吗？他们无法全神贯注于一件事情吗？结果什么事都做不好。"

当然，洛克菲勒并不总是坐在办公室里对着报告思考。偶尔他也会走出办公室，独自坐楼道里翻看账簿，并不时在小本子上计算一番，或者深入到各个部门和工厂去检查工作。有时，他会突然出现在一些正在紧张工作的会计员和统计员面前，随手翻看他们的账簿，每次熟练而又迅速地指出问题后总会让这些年轻人感到惭愧。

有一回，他独自一人来到仓库，找出下发石油桶塞的记录并责问库管员："在你3月份的库存单据上写有10750只塞子，4月份购入2000只，领走24000，但库存剩下6000只，那仓库里另外750只怎么不见了？"库管员这才发现仓库记录弄错了，慌忙改正回来。

洛克菲勒还有一个特点，就是对自己的员工非常熟悉。事业刚起步的时候，洛克菲勒认识手下的每一个员工，即使是小职员，他也能准确地喊出他们的名字。他偶尔会在办公楼里转一转，他的步子走得很轻快，悄无声息地来到办公室后，他会突然停在某个员工的办公桌旁，用浑厚的嗓音彬彬有礼地提出要检查一下工作。

这种时候，那个可怜的员工往往被吓一跳。"虽然洛克菲勒先生时常在办公室里走动，但员工们并不是能经常见到他，"一位老员工曾回忆说，"有人说他每天要到办公室里工作3个小时，但是我们看不见他进来，也看不见他离开。也许他有特别通道，根本不走公共楼梯和走廊。"

洛克菲勒在检查工作时非常认真，而且效率很高。一次，洛克菲勒突然来到一名会计员的办公桌旁，很有礼貌地说："请允许我看一下。"然后他拿起账簿迅速地浏览了一番。"非常好，"他说道，"确实很好。"突然，他看到了一个问题，指着账本说："这儿好像记录错了，你核对后，更改一下。"这可是一个写满数字的账本！上面星星点点不知道写了多少数字，可是，洛克菲勒只翻看了一小会儿，就找出了上面的问题，旁边的会计员惊得一句话也说不出来。后来，会计员回忆说："我又对那个账本仔细核对了几遍，发现里面只有这一处错误！洛克菲勒先生真是太厉害了。"

洛克菲勒留给下属的还有一个印象就是沉默。他总是很沉默，沉默得让人困惑。即使遇上了大事，他还是能够保持这份沉默，你永远无法清楚他的态度究竟是同意还是反对。下属给他拿来电报，不论大事小事，他总是一副面无表情的样子，下属甚至根本无法从他的表情判断消息的好坏。

洛克菲勒之所以如此，是源于他的信仰，他相信沉默是金，那些口无遮拦、想说什么就说什么的人往往是懦弱者和不负责任的人，这是一个商人应该避免的，如若想要成功，就应该注意谨慎说话，言出必行。洛克菲勒坚信"多听少说是成功的先决条件"。在谈判中将洛克菲勒把这种沉默寡言的工夫发挥得淋漓尽致，让对手们根本无所适从，不知如何是好。即使在发怒的时候，他也绝不会咆哮大叫，而是沉默得让人害怕。

有一次，不知道是什么原因，一位承包商一脸怒火地来找洛克菲勒，一进办公室，他对着洛克菲勒就是一阵吼叫。可是，洛克菲勒却头也没抬，继续工作，直到承包商喊叫得没了力气，洛克菲勒才看了看他，静静地说："刚才您说得太急躁了，我没有听清，请您再重复一遍吧。"

洛克菲勒这种超乎寻常的沉着冷静给每个接触过他的人都留下了深刻的印象，所有人都知道，任何事情都不可能让洛克菲勒变得焦躁不安。正如洛克菲勒自己所说："不管你说出或做下什么过分的事情，你永远也别想看到我的情绪激烈波动。"洛克菲勒就是这样一个人，无论遇到什么事，他的心脏每分钟也只跳动60次！

隐忍，是一个人成功必不可少的品质，洛克菲勒同样，他对人对事都有着高度的忍耐力。洛克菲勒这种隐忍的性格主要是得益于母亲的教导。作为浸信会的一员，母亲经常教育他要做个脾气温和的人。所以，没有人见过洛克菲勒发脾气或是骂人，更别提做出什么不文明的过激举动。他与那些傲慢的、盛气凌人的商界大亨完全不同。说起老板洛克菲勒，员工们总是会用为人公道、待人宽和、从来不摆大老板的架子等词来形容。

而洛克菲勒在公司里的所作所为，也确实配得起这些称赞。这从公司里发生的一件小事上就可以看得出。

洛克菲勒平时很喜欢健身运动，为此，他曾在办公室里放了一部用木头和橡胶做的健身器。一天早上，当他正在做运动时，一名新来的会计恰好路过。会计没有认出洛克菲勒，他对洛克菲勒抱怨说这个健身器真是讨厌，放在这里碍手碍脚的。洛克菲勒说了声"好吧"，事后真的叫人把健身器拉走了。过了一阵子，那名会计才明白那天遇到的人居然是自己的老板，他心里顿时感到惴惴不安，害怕因此自己会被辞退。然而，后来他并没有受到任何处罚，洛克菲勒根本没有提过这件事。

多数员工们都觉得洛克菲勒的举止很得体，对大家关怀有加。一位工人说："无论遇见谁，洛克菲勒先生都会友善地点点头，打个招呼。即使是工厂刚起步的时候，麻烦事不断，我也从来没见到洛克菲勒先生发脾气，或是大声训斥人。他在任何时候都温文尔雅，从来不会失态。"

家人对洛克菲勒的印象更是如此，妹妹玛丽·安认为，所有认为洛克菲勒性格暴躁的人都是荒谬的。她说："约翰跟任何人都能和睦相处。"确实如此，如果洛克菲勒不具备某种与众不同的人格魅力，绝不可能在商界取得如此辉煌的成就。

有时，即使是在处罚一些犯有重大错误的员工时，洛克菲勒也会尽量从宽处理。可以说他对员工简直是仁慈的。即使对于一些弄虚作假、贪污公款甚至出卖公司的职员，洛克菲勒也只是解雇他们，从来没有把事情闹上法庭，把他们送进监狱。

洛克菲勒说："标准石油公司是一个整体，公司里所有的员工组成了一个和谐的大家庭。当我们制定好前进目标以后，只要携手共进，最后一定会取得胜利。我们确信当大家的目标一致时，公司是不可战胜的……"

洛克菲勒的一生总是在被人批判，不断有人把冷漠、贪婪、狠毒的恶名扣在他的头上。事实上，与许多不喜欢交际的人一样，他给不同的人留下的印象也是毫不相同的。早年与洛克菲勒有过生意往来的一位制桶商这样评价洛克菲勒："他的话不多，伙伴们也不喜欢他。大家都有些怕他，但是他自己也很孤独。"朋友和竞争对手对洛克菲勒截然相反的印象，估计这就是当时人们对洛克菲勒的评价毁誉掺半的主要原因吧！

6. 成功的人事管理

任何公司的成功都少不了一个优秀的团队，所以洛克菲勒对于公司的人事管理工作极为重视。洛克菲勒非常重视人才，在标准石油公司发展初期，他经常亲自参加普通员工的招聘工作。一直致力于拓展公司业务的洛克菲勒只要发现有优秀人才，就要将其招来作为人才储备，而不是在发现人手不够时才去招人。所以标准石油公司在发展壮大的过程中，从来没有因为人力资源的不足受到限制。

特别是那些社交能力比较出众的管理人员，洛克菲勒更是格外青睐。"就像咖啡或糖一样，人与人之间的交往能力也是一件商品，"他曾这样形容，"我对这种能力支付的金钱要远多于其他的能力。"

洛克菲勒不仅是一名充满智慧的企业管理者，更是一名富有魅力的领导者。他一直鼓励下属直接向自己提意见或建议，并且很关心他们的生活，常常询问生病或退休员工的情况，偶尔还会去看望他们。他非常慷慨地让员工享受到比行业平均水平更高的工资和退休金。

直到40多年后，一位公司老员工回忆起当年的情况时不免有些感慨道："即便是在经济萧条时期，或是战争年代，公司从未发生过罢工事件，甚至从来没人抱怨过。因为大家都知道，没有任何公司能像标准石油公司那样关心自己的退休员工。为这样的公司工作，我们还能有什么怨言呢？"

值得一提的是，炼油行业属于资本密集型产业，炼油工人的不满情绪不像煤矿工人或钢铁工人那么强烈。另外，由于洛克菲勒优秀的经商天分，即使在经济大萧条时期，标准石油公司也能轻松获得大量利润。所以，公司有能力提高员工的待遇。一位作家曾经这样描述过洛克菲勒："他是当时最好的老板，因为他为员工建立了医疗保险和退休金制度，而这在那个经济动荡的年代是极其罕见的。"

当然，洛克菲勒对待员工虽然仁慈，却从来不失威严。听话、服从公司制度管理的人觉得洛克菲勒是个好老板，但是，假如有人"不识抬举"，做一些挑战洛克菲勒权威的事（譬如建立工会），就会立即失去他的"友好"。洛克菲勒对工会深恶痛绝，从始至终都不认同工会是一个合法的组织，当然，他更不会让人在自己的企业里建立工会。

企业里，洛克菲勒以自己的价值观及行为准则要求员工，员工的私生活也被纳入管理范畴，标准石油公司里的员工，绝对不会说老板不想说的话，更不会做老板不想做的事。他们以洛克菲勒的行事准则为方向标，一起努力发展公司。他们的工作、生活习惯，甚至人格品行都会或多或少地受到洛克菲勒的影响。

员工约翰·阿奇博尔德的戒酒经历就是洛克菲勒影响下属品行的最好例证。洛克菲勒一直打心眼里喜欢这个快乐的年轻人，也常常被他的笑声感染。但阿奇博尔德却有一个恶习，就是酗酒。洛克菲勒多次要求阿奇博尔德戒酒，阿奇博尔德虽然表面上答应了，可是背地里还是照喝不误，喝过酒以后，为了不让洛克菲勒发觉，每次他都会在自己的口袋里装一些丁香花来掩盖酒味。

过了几年，他变得更加酗酒，身体健康也因此受到严重损害，曾连续几次喝伤身体住院。一次出院后，阿奇博尔德遭到了洛克菲勒严厉的斥责，事后，他给洛克菲勒写了一封悔改信，重新做出保证："亲爱的洛克菲勒先生，是我自己辜负了您一直以来的真心相待，我说过戒酒却一直没能做到。请您慈悲，再相信我一次，我以自己的人格向您郑重承诺：不再喝酒，并且，从现在起的每一个星期天，我都会交给您一份保证书，直到您觉得可以了为止。"

为了证明自己在一周内确实没有喝酒，阿奇博尔德每周日都给洛克菲勒写份保证书，一连写了八个月。他这样写道："谨以此信表明本人已有34个星期没有喝酒。"阿奇博尔德是在真心实意地戒酒。

然而在4年之后，他又有一次酒瘾复犯，喝得大醉。清醒后，阿奇博尔德惭愧不已，但并不是因为戒酒失败，而是他辜负了洛克菲勒的信任。有一位朋友对洛克菲勒说："我从来没见过他变得这样沮丧，这样痛苦。或许我们都不知道，阿奇博尔德为戒酒，花费了多少心思。这一次戒酒失败，他真的很痛心！"最终洛克菲勒并没有训斥阿奇博尔德，而阿奇博尔德再也没有碰过酒。

洛克菲勒对下属的真诚也感动着每一位员工，赢得了员工们的尊敬与推崇。"我想只有他能够做到，聚集如此多的人才到一个团队里，而且能让所有人都朝一个方向努力……"一个标准石油公司的员工不无敬佩地说，"他是个了不起的人物，相信五六百年也未必能出现这样一个人。"

洛克菲勒虽然掌握着整个公司的大权，但他却并不独断专行。他深谙权力下放的必要性。这是企业发展的必经之路，也是让庞大的机构能够良性运转的首要任务。洛克菲勒将"培养下属做上级要做的事"列为企业的信条之一，并且身体力行，亲自贯彻这一原则。

要下放权力，必须对员工进行考核。洛克菲勒考核员工的方式也是因人而异，他会选择用观察、测试员工的做事能力或直接考试的方法对员工进行考核。如果有员工通过了严格的考核，获得了他的信任，那么这个人就会拥有做事的自主权。

不受干涉地处理自己的工作就是通过考试的奖励。在培养员工方面，洛克菲勒一直坚守着这样的信念：当你对一个人的素质和能力足够信任的时候，就应该让他独自到深水区去挣扎。要么沉没，要么上岸！这是他在父亲教自己游泳的时候记住的方法，因为他知道："他们不会失败的！"

有一次，洛克菲勒问一个新进公司的经理是否清楚公司的管理方法时，经理开始滔滔不绝地说自己将会如何努力地去工作。洛克菲勒听完后摇了摇头说："管理公司不是让你努力去工作，而是你要尽量少地工作。如果手中的工作可以交由别人去做，那你就不要做。首先你要找到值得信赖、能够做你这份工作的人，培养他，然后让自己停下来，用更多的时间去思考让公司赚钱的方法。"洛克菲勒也正是这么做的，下放权力，让自己从琐碎的事情中脱身，将时间和精力放在更重要的宏观决策上来。

洛克菲勒还曾真诚地表示，自己公司的方针是动之以情，晓之以理，和气生财，在这个大方针下，公司内部也不存在明显的对抗或是矛盾。这是开展事业的大环境，好的环境也激发了一流的干将——弗拉格勒、安德鲁斯、哈克纳斯、佩恩，当然还有他的弟弟威廉·洛克菲勒。大家各司其职，建立了一个伟大的石油王国！

第六章 幸福的婚姻生活

1. 性情相投的爱人劳拉

在事业上几乎像个"帝王"一样的洛克菲勒，在婚姻、家庭和普通生活上又是一个怎样的人呢？先让我们来看一看这位商业巨人的婚姻吧。

洛克菲勒在很早的时候就给自己确定了择偶条件：她一定要是一位尽职尽责、令人爱慕的女子，信奉基督教，能够全力支持自己的事业。洛克菲勒与母亲一直都保持着一种亲密又平等的关系，这使得他在与别的女性相处时显得非常自信。他是真心希望能找到一位能携手终生、恩爱相伴的妻子。在这一点上，他与父亲，那个浪荡不羁的"大个子比尔"截然不同。

劳拉·塞勒斯蒂亚·斯佩尔曼是洛克菲勒的恋人，一个有着良好家世背景的女子。

劳拉比洛克菲勒小两个月，身材娇小、圆润的脸庞和明亮的双眸让劳拉给人一种柔弱的感觉，但她的姐姐露西却说，温柔可人只是人们看到的劳拉的表面，其实劳拉是一个意志非常坚定的人，这一性格与洛克菲勒很相似。

劳拉与洛克菲勒相像的地方还有一点，就是他们都有着极强的自制力，从不乱发脾气，平时示人的总是一副严肃的面孔，给人一种难以捉摸的感觉。露西回忆说："尽管劳拉总是看起来严肃而又克制，但其实生活中她是非常爱笑的。"

劳拉的魅力不仅体现在她优秀的品格上，还有继承自母亲的优雅品位。劳拉体形娇小，身材修长曼妙，活脱脱一个衣服架子，所以在挑选适合自己风格的服饰方面也格外简单。而在母亲的影响下，她的衣着看上去总是那么优雅。劳拉很喜欢聚会，而独特的服装品位总能让劳拉在聚会中成为最亮眼的女生。

　　和劳拉的相遇，是在一次社交晚会上。在20世纪30年代，纽约长岛举行了一场派对，庆祝青年女子第一次进入社交界。

　　当洛克菲勒第一眼看到劳拉时，就发现了她有一种与众不同的气质。在洛克菲勒心中，劳拉是个很有格调的人，她与人交谈时幽默风趣，而且舞姿优美动人，非常讨人喜欢。那时洛克菲勒还不能说已经爱上了她，但在晚会上，他经常会不自觉地在人群中追寻劳拉的身影，对别的女孩则毫无感觉。

　　劳拉还有一个姐姐叫露西，在读高中的那些短暂时日，洛克菲勒和聪慧的劳拉姐妹结成了好朋友。那时，他还很腼腆，在女孩子面前显得有些羞涩。可是，劳拉姐妹却看到他性格中的另一面——热情，同时也欣赏他对商业的敏感。

　　后来，在大学期间，劳拉和洛克菲勒常常在一些聚会上见面，而且两人都喜欢在彩虹舞厅和圣雷吉斯屋顶舞厅这两个地方跳华尔兹舞。在一次舞厅举办的波尔卡舞比赛中，两人还被选为了冠军。

　　劳拉与学校里的大多数女孩不一样，是一个很注重实用性的人。所以，在上大学时，她选择了一个属于男性的专业——商业。她很欣赏洛克菲勒在1855年的艰难的求职经历。她的一位朋友曾回忆说："劳拉认为洛克菲勒是一个胸怀大志的男人。而且，她很赞赏洛克菲勒的诚实，这一点比其他任何品质都更易打动她。"

　　然而，洛克菲勒在追求劳拉时需要应对一个大问题，就是两家人经济和社会地位上的差距。斯佩尔曼家族是克利夫兰市的名门望族，劳拉的父亲后来更是身处高位。

劳拉的父亲哈维·比尔·斯佩尔曼出生在马萨诸塞州，祖先是清教徒。在俄亥俄州，他和劳拉的母亲露西·亨利走到了一起，1835年结婚，四年后生下了小劳拉。1841年，因为经济上的问题，一家人迁往阿克伦，在那里过了几年贫穷的生活。当时，劳拉的母亲常常给人家洗衣服，挣钱补贴家用。

劳拉刚记事的时候，他们已经在阿克伦生活了。小劳拉经常推着小车帮母亲送洗好的衣服。后来，哈维·斯佩尔曼盘下了一家布店，赚了不少钱。可是，他和妻子并没有拿着钱去享福，而是投身到美国黑奴改革运动中。

哈维加入了地方教育委员会，他凭借自己出色的能力，在创建公立学校体制时，成了一名领导者。1849年，州议会进行大选，哈维当选为俄亥俄州议员。

另外，哈维一家还很热衷教会事务，哈维曾独自出钱，在阿克伦修建了一所教堂。

提起劳拉，她的一位同学说："其实劳拉算不上十分阔绰，她长得也不是非常美丽，可是，她家里很有钱。而且，由于她父亲积极参与教会事务，很有名气，同时还是俄亥俄州议员——这些东西在孩子们中间是很有影响力的！我们都以为劳拉将来一定会嫁给一个有钱的绅士，可没想到她竟然会看上那个长相普通又没有家庭背景的洛克菲勒。"从这里可以看出，洛克菲勒能够和劳拉在一起，除了两人情意相投外，同时也和劳拉的坚定性格有关。

1851年，哈维的生意出现了危机，由于银行贷款的问题，布店不得不关门，他们在阿克伦的生活也就此结束，举家迁往克利夫兰市。斯佩尔曼在这里再次开了一家公司，但全家人的生活却始终被经济状况不稳定的阴影笼罩。所以，哈维希望能有年轻的基督徒来向自己的女儿求婚。而劳拉也希望自己的丈夫可以承担起家庭的责任，因而开始全力支持洛克菲勒的事业。

另外，劳拉和洛克菲勒在宗教信仰上的态度也很相近。洛克菲勒是一个虔诚的浸信会教徒，劳拉则是一个热心的公理会教徒。每次在主日学校工作时，她都极其认真负责。看着妹妹这样辛苦，姐姐露西不禁心疼地劝她不要太"压抑"自己。露西回忆说："她真是一个'小修女'！周末最看重上帝和教会，而不去参加任何社交活动。她和洛克菲勒喜欢把宗教信仰延伸到生活中的每一个角落。"

劳拉的一位同学说："作为信徒，她对周围的人很有影响力。班里有许多同学在她的帮助下，慢慢改变了自己的一些劣习，比如说谎和懒惰。她不太喜欢去酒吧，因为她认为教徒不应当沉迷于世俗的消遣娱乐。不过，劳拉也绝对不是个枯燥乏味的人。其实，她对文学艺术和社会团体都有着浓厚的兴趣，当然还有跳舞……"

2. 奢侈的订婚钻戒

1861年秋，洛克菲勒和劳拉的感情开始发生了质的变化。洛克菲勒希望尽可能多地跟她在一起，总是情不自禁地每天给她打好几个电话。劳拉也经常去见洛克菲勒。然后他们一起听音乐，或者在某个安静的地方用餐，一起在街道上漫步，而且一谈就是几个小时……两个人之间的感情迅速升温，很快他们就开始正式交往了。

持续交往了一段时间后，洛克菲勒觉得有必要跟母亲沟通一下。在这之前，洛克菲勒并没有告诉家人关于劳拉的任何信息。所以，当他决定把自己恋爱的事情说给母亲时，母亲还故意打趣他一番，带着调侃的语气说："哦，我说家里的电话账单最近怎么增加了这么多！"

到了1862年，两人的关系已经从打电话联络发展到经常见面约会的地步，那一年的农产品生意让洛克菲勒的腰包逐渐鼓了起来。有了钱，他才鼓起勇气对劳拉展开热切的追求。当时劳拉在一所学校当老师，洛克菲勒经常到学校接她下班。

每到周末，他便带着劳拉到一处风景优美的地方散步。劳拉搬家后，洛克菲勒经常拜访她家，用马车载她外出郊游。洛克菲勒喜欢把生意场遇到的事讲给劳拉听，因为他总能从劳拉那里听到比自己更高明的见解。洛克菲勒非常钦佩劳拉睿智的头脑，并时常感慨如果没有劳拉的忠告，自己现在也只能是个穷光蛋。

当时，洛克菲勒在婚姻上还没有什么特殊的想法。因为对于事业刚刚起步的洛克菲勒来说，结婚并不是一件着急考虑的事，因此他一面非常有耐心地等待着，一面也让自己更有争取意中人的实力。这一点，和劳拉的见解相似。早在两人交往后不久，劳拉就在和老师互通的书信中提到过洛克菲勒，"现在仍待字闺中并没有让我有所忧虑，一位男士也表示过并不急于我嫁为人妇，不过他希望我能考虑一下这件事。"但劳拉每每考虑到和洛克菲勒的婚事也感到有些苦恼，因为那就可能意味着她将结束自己喜爱的教师事业。

就这样，洛克菲勒一边做生意，一边和劳拉谈着恋爱。转眼间两年过去了，洛克菲勒从炼油业赚取的高额利润让他成了克利夫兰的新兴富翁，他也变得更加开朗和自信起来。他的衣着打扮和两年前相比，有了很大的改变。这时的他，身穿双排扣礼服和条纹裤，头戴丝质圆礼帽，再加上他高挺的鼻子，紧闭的双唇和深沉的神情，整个一优雅商人的形象。

1864年初，正处于春暖花开的时节，洛克菲勒心中也萌生了向劳拉求婚的想法，但却一直没有勇气开口。到了这一年6月，洛克菲勒终于鼓足勇气向劳拉求婚了，但求婚的方式却普通的令人难以置信。

一个对此事有所耳闻的人说："洛克菲勒非常想娶劳拉，有一天就约见了她，用一种办公事的态度向她求婚，他根本不像是在求婚，而是像在谈一桩生意似的。而劳拉也同样公事公办地接受了，这可是我见过的最不浪漫的求婚方式。"

24岁，正是一个女孩儿最美的时候，脸颊上褪去了青涩，增添了一份成熟的韵味。而劳拉的良好教养更让她显得妩媚动人。她个性沉静中又带着一份活泼，举止优雅，谈吐大方，她的一举一动都深深地吸引着年轻的洛克菲勒。虽然洛克菲勒正忙于事业的发展，但并没有因此而减少对劳拉的爱意。终于，洛克菲勒认为两人的感情已经成熟，是该有个家了。尽管一切都顺理成章，但当劳拉答应愿意嫁给他的时候，洛克菲勒还是难以抑制内心的喜悦，雀跃着回去准备婚礼了。

接下来，洛克菲勒做了一个惊人的决定，用118美元买了一颗钻戒送给劳拉。显然，这不符合他节俭的风格。不过，转念一想大家都明白了，洛克菲勒这样做是为了向哈维证明，自己不再是一个穷苦的人了，而是有了自己的事业，是一名成功的企业家。他已经有能力给劳拉带来幸福，也有能力让整个斯佩尔曼家族过上美好的生活。

3. 喜结连理

1864 年秋，洛克菲勒迎来了他人生中的一件大喜事——他与自己心仪的爱人劳拉结婚了。

1864年，25岁的洛克菲勒和24岁的劳拉携手走进了婚姻的殿堂。婚礼是在劳拉的家里举行的，参加婚礼的只有男女双方的家人，只有洛克菲勒的父亲比尔没有参加婚礼。这一点完全符合洛克菲勒的行事风格。婚礼规模不仅不大，程序简单，而且还很隐秘。作为当地著名的年轻富翁兼企业家，他甚至没有在当地报纸上刊登他们的结婚信息。

而以劳拉家在克利夫兰的声望，这种隐秘结婚的做法显然有些不合规矩。不过洛克菲勒考虑，不想因为父亲比尔不来参加婚礼而引起别人的议论，劳拉的父母最终也同意了这种结婚方式。

主持这场婚礼的有两个牧师，这也是经过双方家庭的一番协商后决定的：一位来自劳拉所在的普利茅斯公理会教堂的牧师，一位来自洛克菲勒所属的伊利街浸信会教堂的牧师。当然，结婚后劳拉并不会改变自己的信仰，她还是归属公理会。

虽然从求婚到结婚洛克菲勒一直表现的平淡无奇，但在度新婚蜜月上，他总算是选择了一种颇为浪漫的形式来补偿劳拉：他们租来了一辆漂亮的黑色梦幻马车顺河而下，到尼亚加拉大瀑布等地尽情游玩。这一段幸福的蜜月生活，一直为洛克菲勒所津津乐道。

蜜月结束后，他们先回家与洛克菲勒的母亲同住了一小段时间，后来在附近的房子里开始了他们独立的小家庭婚姻生活。

由于岳父斯佩尔曼先生在当地的声望和地位，这桩婚姻给洛克菲勒带来新婚妻子的同时，也带来了不少附加好处，克利夫兰市财政界对洛克菲勒更加信任了，这对他以后事业的发展大有裨益。爱妻劳拉无疑是洛克菲勒的幸运之神，无论是生活上还是事业上。

洛克菲勒结婚时还有一件值得提的趣事是，洛克菲勒把花在婚礼和妻子身上的钱也一丝不苟地记录下来。这显然源于他多年来养成的记账习惯。在洛克菲勒1864年的第二类分类账簿上，记载着他追求劳拉和结婚时的各项费用：买花束的钱，一次是60美分，一次是50美分，还有一次是1.5美元；1864年4月8日，买订婚钻戒118美元；同年9月8日，婚礼费20美元，结婚证1.1美元；观赏尼亚加拉大瀑布75美分；为新娘买垫子75美分，甚至连3美分的邮费也没有在分类账簿上漏掉。

那几年是洛克菲勒家族最为热闹的几年，他的几个兄弟姐妹相继成家立业，有了子女。1864年，大弟弟威廉与麦拉小姐结婚，第二年生下一个儿子。弟弟弗兰克从军中退役后，1870年与海伦·史考菲结婚。小妹玛丽安于1872年嫁给威廉·鲁得。洛克菲勒则于1866年喜得一女，取名伊丽莎白，昵称贝丝。这几年，他们的父亲比尔仍继续他放荡的卖药生涯，长子洛克菲勒却已经真正的成家立业了。

新婚后的日子愉快而繁忙，洛克菲勒和劳拉的生活圈子并不大，接触的人大多数都是在教会认识的，还有一些就是洛克菲勒商业上的伙伴。由于他们夫妇均热心于教会事务，所以在圈子里人缘颇好。

洛克菲勒的事业也在逐步兴旺发达，有时他过于关注石油生意，不免对爱妻有所冷落。劳拉是理解和支持丈夫的，但她同时又是个感情丰富的女子，还是希望丈夫在紧张工作之余能回来和自己一起共进晚餐，尽情享受一下小家庭的温馨和快乐。

有时洛克菲勒因为生意忙回来晚了，劳拉也多会理解，可是，洛克菲勒认为自己对妻子有些冷落，内心不安，便用对自己罚款的方法来表达内心的负疚之情。在结婚刚开始那几年，在他的分类账簿上清楚地记录着："因回家吃饭晚付劳拉2美元，晚回家吃饭25美分，75美分，25美分……"这大约是洛克菲勒发明的一种感情补救法吧，倒是非常新奇。

第七章 独生子的出生

1. 姗姗来迟的爱子

1875年初，洛克菲勒在事业的道路上顺利前行，此时他还不算很有名，在克利夫兰也不是最有钱的，但他已经完全立于这座新兴的钢铁石油城的贵族行列了。1875年1月29日，天气显得分外寒冷。呼啸的北风在屋外肆虐，弗拉格勒坐在标准石油公司的办公室里，正翻看着一叠材料。宽大的房间中央放着一个烧得正旺的火盆，通红的火苗给房间带来了阵阵暖意。

这时，弗拉格勒突然听到门外传来一阵急促的马蹄声，他往外一望，原来是老伙伴洛克菲勒来了，只见他迅速地跳下马，飞快地向办公室奔来。弗拉格勒猜想着："他一定是有什么要紧事找我。"果然，洛克菲勒猛地推门进来，他浑身带着一股外面的寒气，脸庞却因为兴奋显得通红通红的。还没等弗拉格勒反应过来，洛克菲勒就一下子拥抱住了这位老朋友。

弗拉格勒很了解洛克菲勒的性格。平日里，洛克菲勒总是轻手轻脚地走进办公室，从来没有如此激动过，即使遇上很重大的事，他也不会轻易流露和表现内心的情感。现在看到洛克菲勒如此失态，弗拉格勒感到很惊讶，因为洛克菲勒的举动太过反常了，一定是有什么特别高兴的事情发生！

他猜得不错，只见洛克菲勒脱掉棉大衣，用一双大手紧紧地抓住弗拉格勒的肩膀，激动地说："劳拉生了一个男孩！一个男孩！"他似乎不知道该怎样来表达自己的兴奋。弗拉格勒明白过来了，他马上拥抱洛克菲勒，由衷地向他表示了祝贺道："噢，约翰，真是恭喜你呀！你终于有儿子了！"

弗拉格勒知道，这个男孩对洛克菲勒来说有多么重要。他和劳拉结婚以后，一连生了4个女儿，虽然个个都可爱活泼，让洛克菲勒享受着其乐融融的天伦之乐，可他却一直有个不小的遗憾，因为他还没有儿子，这个庞大的家产由谁来继承呢？子承父业，这回洛克菲勒终于如愿以偿了，他怎么能不高兴呢？

就在昨天，当劳拉快要临产的时候，洛克菲勒被叫回了家。劳拉软弱地躺在床上，紧抓着丈夫的手说："亲爱的，家里又要多一个孩子了，我多么想为你生个儿子啊！"劳拉渴望生个儿子的心情并不亚于丈夫。洛克菲勒一边安慰着爱妻，一边也在心里暗暗祈祷上帝能赐给他一个儿子，一个企业继承人。当他在急切的等待中听到婴儿呱呱坠地时的啼哭声，并被助产士告知"是个男孩"时，他一下子抱住了劳拉，激动得语无伦次："真是谢谢你，太谢谢你了，亲爱的。"产后十分疲惫的劳拉望着刚刚出生的粉红可爱的婴儿，露出了一丝欣慰的笑容，仿佛她完成了生命中一个最重要的使命似的，身上的担子一下没了。

洛克菲勒最想将这个好消息第一时间通知的就是老朋友弗拉格勒。

孩子刚出生就胖乎乎的，身板也健壮，取名叫小约翰·戴维森·洛克菲勒，后来为了与他父亲区别开，大家都习惯叫他小洛克菲勒。从小洛克菲勒开始，洛克菲勒家族正式进入了第三代。

2. 小洛克菲勒的童年

小洛克菲勒长得飞快,一转眼,他已经开始牙牙学语,又过了不久,就能跌跌撞撞地学步了。忙于商业竞争的洛克菲勒,不管有多么疲惫,只要一回到家中,他总要抱起儿子亲热一小会儿。可是,后来由于洛克菲勒实在是太忙了,他是庞大的标准石油托拉斯的首脑,可以说是日理万机,和儿子相处的时间也是越来越少。所以小洛克菲勒绝大部分时间是在母亲劳拉和几个姐姐的带领下长大的。

小洛克菲勒从小没有受到什么打骂,他是在爱的氛围中接受教育,但这并不意味着他会受到溺爱,因为洛克菲勒和劳拉想把儿子教养成一个有出息的继承人,而不是花花公子。显然,他在这个家庭中的名分和继承财产的地位要优于他的姐姐们。所以在几年以后,他的最小的姐姐伊迪丝在谈到他时,曾带着明显嫉妒的口气叫他"皇储"。

这位"皇储"小时候还是挺让洛克菲勒担心的,因为小洛克菲勒的身体素质不是很好,从小就体弱多病,这一点和他的父亲不像,没有父亲的健康活力。在他满3周岁前,父母不停地找名医为他调养身体。小洛克菲勒长到六七岁的时候,个头依然很矮小,脸型和嘴巴长得很像外祖母斯佩尔曼。他眼神怯弱,性格腼腆,很少说话,这更让洛克菲勒担心不已,如此下去,他如何能继承家业呢?

其实,这也怨不得小洛克菲勒,他的这种性格的养成与成长环境有着很大的关系。当时，洛克菲勒的家在克利夫兰市内的欧几里得大道，那是一座英国维多利亚式的建筑。这条街被称作"百万富翁大街"，居住在这里的多是富豪和显贵人物，高大的屋子建的一座比一座气派、堂皇。而生活上一向节俭的洛克菲勒只是买了一栋普通的楼房。

另外，这里的富人们都喜欢去附近的圣公会教堂，以显示其尊贵的身份和地位。但洛克菲勒并不太喜欢与这些邻居打交道，他经常舍近求远，到穷人聚居区的浸信会教堂去，那是因为洛克菲勒从小在浸信会的熏陶中长大，对浸信会怀有很深的感情。这一切，都让小洛克菲勒的交际圈变得很狭小。

后来，洛克菲勒买下了福里斯特山庄园，小洛克菲勒也常跟着家人到这个庄园去住。小洛克菲勒很喜欢这里，只是有时会觉得寂寞。当几个姐姐都不在时，他就会独自去庄园后面的森林中散步。有时，他也会把用人家的孩子找来和自己一起玩。或者和父母亲一起去教堂消磨时间，但这一切还是消解不了小洛克菲勒心中的那种寂寞感。究其原因，他在后来也曾提到过："这种聚会是由中下阶层的人们组成的，他们与我的情趣不同。虽然我很愿意和他们平等交往，但隔阂还是避免不了的。"

由于他接触的是以母亲为中心的女式家庭教育，在这里同住的，除了祖母和母亲外，还有母亲的姐姐露西和外祖母斯佩尔曼夫人。天天和众多的女性生活在一起，小洛克菲勒慢慢地也造就了自己腼腆而严肃的性格。

小洛克菲勒的外祖父斯佩尔曼去世后，外祖母斯佩尔曼夫人住在那所空荡荡的大房子显得格外的孤独。后来，在劳拉的一再劝说下，斯佩尔曼夫人终于决定搬到女婿洛克菲勒家里来住。

　　20年前，小洛克菲勒的外祖母曾和丈夫一起激烈地反对过黑奴制度，还曾参与过几次游行。如今，她又把热情转移到了禁酒运动上来，并成了俄亥俄州"禁酒同盟"的领导人！她的严谨态度始终如一，对家人也不例外，即使对唯一的外孙也一样，她耐心地劝说小洛克菲勒加入儿童禁酒会。在小洛克菲勒还不满10周岁时，她就要他保证做到"不吸烟、不喝酒、不轻渎神灵"。

　　母亲劳拉的形象在小洛克菲勒的心目中是神圣的。劳拉身材不高，而且身体瘦弱。但她的意志非常坚定，小洛克菲勒很少见到过母亲叹气，平常不管遇到什么困难，她都会想法设去战胜它。她用自己的努力为子女们树立了一种为人处世的榜样，正如小洛克菲勒后来回忆所说："她把所有的精力都投入教会中，来信奉基督。"

　　而小洛克菲勒最高兴的事，莫过于三个姐姐来这里陪自己。她们不但是小洛克菲勒的玩伴，也是他的小老师，她们教他编织和缝纫。小洛克菲勒总是学得很快，姐姐们常常称赞这个聪明的小弟弟。但对于体育运动小洛克菲勒却很发怵，他动作生硬，显得笨手笨脚，常惹得姐姐们放声大笑。

　　除了姐姐们外，小洛克菲勒最喜欢的玩伴就是叔叔威廉·洛克菲勒了。一直以来，威廉和他们的关系都很不错，可是有几次母亲认为威廉的家人言行举止有失检点。因此，他们和威廉家的关系便冷淡了，威廉来看小洛克菲勒的次数也越来越少，这很让小洛克菲勒伤心。

　　小洛克菲勒在回忆童年的生活时，似乎感到并不幸福，因为他的童年是寂寞的。他说："每天的生活样样事情都以家庭和教会为中心，除此之外就再也没有别的什么了。我的童年没有小朋友陪伴，到了学校也没有好朋友交心。这也是我童年最大的遗憾。"

3. 严格的家庭教育

一个优秀的孩子离不开严格的家庭教育，洛克菲勒和劳拉深知这一点，所以他们在对孩子的教育上从来没有放松过。小洛克菲勒在这种慈爱而又严格的教育下成长起来，很快就学会了洛克菲勒家族两样最典型的本领：如何使用金钱和克制自己的情感。

在儿子七八岁的时候，洛克菲勒就开始向他灌输正确的金钱观念，他用父亲比尔教育自己的方法，教导儿子如何挣钱和如何节省钱。母亲则是为他请了一个老师，让他学习拉小提琴，但学费并不是由父母提供的，而是要他自己打工去挣。在这一点上，小洛克菲勒和姐姐们相比，丝毫没有受到特殊的照顾。

等到儿子稍微长大一点的时候，洛克菲勒帮助他树立起这样一个概念：他们所拥有的财产只不过是上帝暂时交给他们保管的，是一笔不容随便动用的特殊信托资金。因此小洛克菲勒轻易不动用父母给他的任何财产，并终身都在信守着这一观念，充当洛克菲勒家族神话般巨额财产的"管家"。

洛克菲勒会利用每一个机会教导儿子正确认识金钱的价值，因为他深知，许多富家子弟走上歧途往往都是因为父母的骄纵和溺爱。

一天早上，洛克菲勒正在刮胡子，儿子进来了。他是来从父亲这里取自己的定期存款的，因为他想要一次性交清主日学校的捐款。"我们算算吧！"洛克菲勒说着放下刮胡刀，指引儿子计算了一次性交清捐款的"恶劣"结果：小洛克菲勒不仅自己会损失11美分的利息，主日学校也不会因此多得到1分钱。最后儿子放弃了一次性付清的念头。儿子走后，洛克菲勒对理发师说："我这样做并不是在反对孩子捐钱。相反我非常赞同他的做法，可我更愿意看到他在捐款的同时能够做到精打细算，正确地利用金钱。"

19世纪产生了很多的富豪，而他们财富的继承者，因为是不劳而获，不懂得挣钱的艰辛，大多数都选择了寻欢作乐的错误道路，并很快将家产挥霍殆尽。而小洛克菲勒显然与这些人不同，他从父母的言传身教中懂得了继承巨额财产的意义，绝不是为了贪图一己私欲、个人享受，而是要好好打理这笔财富，让它们变得更有价值和意义。这对生活在根基深厚、环境优越中的他来说，更需要坚韧的毅力，否则是难以做到的。因此小洛克菲勒牢牢地将一句格言记在心中："能克制自己的人是最伟大的胜利者。"

小洛克菲勒10岁那年，父亲洛克菲勒由于业务上的需要，在纽约停留的时间越来越长。为了能方便地照顾妻子和孩子们，洛克菲勒决定把家搬到纽约去，他先是把劳拉和孩子们安顿在温泽和白金汉等几个著名旅馆的豪华套房里，但是这样房间租金太高，开销十分惊人，于是，一向节俭的洛克菲勒开始考虑在纽约买下一栋永久性的住宅。

纽约的富人们聚居在第五街，可是洛克菲勒不喜欢那里，他一贯不愿意显山露水，准备另觅居室。不久，洛克菲勒看中了纽约西区54大街4号的一幢房屋。房屋的外表是悦目的常春藤色，给人一种家庭的温馨和宁静。这里是加利福尼亚铁路公司老板科利斯·亨廷顿的旧居。虽然位于大都市中心，周围却比较空旷，种满高大笔直的树木，很有些幽静田园的风味，这也许正是洛克菲勒选中它的原因。

很凑巧的是，没过多久，洛克菲勒的老搭档弗拉格勒也搬到了这里，他在这条大街的对面盖起了一幢新房子。而弟弟威廉·洛克菲勒的住宅则在这条大街的尽头。纽约西区54大街似乎一下子变成了标准石油公司的家属区，到处都是洛克菲勒的熟人。

1884年，洛克菲勒一家人搬到了纽约西区，但是他们一家对克利夫兰、特别是福里斯特山庄园仍怀有深深的感情：劳拉和洛克菲勒曾在那里结婚生子，洛克菲勒的孩子们在那里度过了自己的童年，洛克菲勒在那里发家致富并且度过了半生的时光。因此在后来，每隔一段时间，洛克菲勒一家人总要回克利夫兰去看一看。

不知不觉间，小洛克菲勒到了上学的年龄，他读书用功，学习成绩名列前茅。但从小体弱多病的他不知什么时候患上了神经衰弱，而且病情越来越严重，洛克菲勒几乎没有见到儿子高高兴兴的样子，他总是神情恍惚，这让做父母的很是发愁，他们尝试各种方法，想让儿子活泼起来，但所有的努力都没有成功。

又过了几年，小洛克菲勒的状况更差了，他就快被这可恶的疾病搞垮了，再也没办法正常地生活和学习了。

洛克菲勒和妻子劳拉商量之后决定：先让儿子休学一段时间，去福里斯特山庄园调养调养，这也许会对他有好处。等他身体恢复了，再继续读书。于是，小洛克菲勒又回到了自己熟悉的福里斯特山庄园。

4. 小洛克菲勒的大学时代

这一年，小洛克菲勒已经17岁，他在福里斯特山庄园里，常常和工人们一起耙树叶、锯木头、伐树木。小洛克菲勒干活非常卖力，每次工作完都是大汗淋漓。但他从来没说过累，反而是觉得很愉快。

整整一个冬季，他大部分的时间都是在枫树林的劳动中度过。空闲时，他就割取树汁熬制枫糖食用，来改善自己的柔弱体质。在强烈的劳动以及枫糖的滋补下，他那缠人的疾病好像减轻了许多，这给他带来了不小的欣喜。这段简单而充实的生活让小洛克菲勒记忆犹新，每次说起这段经历，他的脸上都会多一分快乐和轻松。

到了第二年春天，小洛克菲勒的体质有了很大的改善，神经衰弱的症状几乎痊愈了。于是，他又回到了纽约，继续紧张有序的学校生活。一开始，他在卡特勒中学读书，后来转到布朗宁学校，他的堂妹波西·洛克菲勒也是在那里读书。约翰在那里结识了很多新朋友，其中包括国际收割机公司的继承人哈罗德·麦考密克。当然，麦考密克也因此认识了小洛克菲勒的姐姐伊迪丝，两人最后结为了连理。

又过了两年，小洛克菲勒要读大学了。洛克菲勒自己没有接受过高等教育，而他却很支持儿子上大学。因为毕竟时代不同了，他年轻的时候，上大学的人很少；而现在随着高等教育的发展，读大学已经成为一种时尚，年轻人大多都是在接受高等教育之后才去从事某种职业。而且，很多公司也开始对学历有所要求，上大学已经成了被社会认可的标志。

在选择大学方面，小洛克菲勒犹豫了很久。原本，他想去读著名的耶鲁大学，可是后来听说耶鲁大学校风不正，他就打消了这个念头。不久，洛克菲勒的老朋友威廉·雷尼·哈珀（芝加哥大学校长）给他们提了一个建议，他说："像小洛克菲勒这种个性和思想都比较保守的年轻人，还是选择一个规模较小的大学，这样对他的成长才有好处。"就这样，小洛克菲勒在哈珀校长的帮助下，选中了普罗维登斯的布朗大学。

小洛克菲勒刚踏进大学的门槛时，很多事情都不懂。4年的大学生活，小洛克菲勒暂时把他的前途问题放在一边，和别的同龄人一起干着轻松愉快和充满活力的事情。这段经历对他来说是无比精彩的，他感到前所未有的自由和放松：上课、看电影、踢足球，还去参加舞会，与姑娘们约会等。而小洛克菲勒正是在学校参加第一次舞会时，遇到了后来与他相伴一生的妻子艾比·格林·奥尔德里奇小姐。

大学三年级的那个夏季，小洛克菲勒和同学相约到欧洲去骑车旅行，这是小洛克菲勒第一次出国远行。为了让自己显得老成一点，他还专门蓄起了一小撮浓密的胡子。这次旅行，欧洲古老而丰富的文化艺术和五彩缤纷的自然风光给他留下了难忘的印象。

当然，即使改变了生活环境，小洛克菲勒从父亲那里传下来的那一套精打细算的理财管钱方式丝毫没有变。因此同学们给他起个外号叫"怪人"。这位美国最富有的富翁的继承人的大学生活，不仅谈不上豪华奢侈，甚至连大方也算不上。袖口磨破了，他不买新的，而是将就着继续穿；袜子破了补一补就行；两张邮票粘在了一起，他会聚精会神地用嘴哈着水蒸气把它们分开。有一次参加宴会，会后小洛克菲勒仔细地把宴会账单从头到尾看了一遍，等他准备付款时，参加宴会的人中早有人付过账单，人也走得差不多了。像此类关于小洛克菲勒为人悭吝的笑话很快就不胫而走，传遍了整个学校。但小洛克菲勒不以为意，因为他已经从父亲那里真正懂得了如何去看待金钱。

小洛克菲勒虽然经常参加学校里的各种活动，学业却并没有因此而落下。他的成绩一直非常优秀，在临近毕业的时候，小洛克菲勒已经成为少数几个荣获菲·贝塔·卡帕联谊会钥匙的优秀生之一了。

随着大学生活的即将结束，这个著名家族的重担即将落在自己的肩上，小洛克菲勒非常清楚这一点。依照小洛克菲勒的性格，他很愿意做个牧师平静地度过自己的一生。可他是洛克菲勒唯一的儿子，现实不容许他做出别的选择，他的身份注定了他必须为父亲的事业而奋斗。后来，有人问小洛克菲勒是否考虑过从事牧师这一职业时，他毫不迟疑地说："绝没有想过。我很小就清楚地知道自己的使命，那就是帮助父亲发扬他的事业，继承他的衣钵。"

5. 倾心爱侣共缔良缘

在念布朗大学时，小洛克菲勒认识了自己命中注定的另一半——艾比。艾比是一位美丽的少女，鼻子高高的，有着一头浓密的秀发，性格开朗活泼，非常惹人喜爱。

虽然艾比长得算不上惊艳，但是她自有一番别人没有的独特气质和令人不可企及的迷人神韵。她样貌端庄，永远都是一身恰如其分的打扮，待人接物温文尔雅；也永远是面带微笑，乐观对事，富有教养。小洛克菲勒非常倾心于艾比，或许从艾比身上，他看到了许多自己缺乏的东西。

艾比的父亲纳尔逊·奥尔德里奇是美国参议院最有权力的共和党成员之一，也是靠自己奋斗成为罗德岛州首府普罗维登斯的百万富翁之一。

奥尔德里奇家族虽说比不上洛克菲勒家族那样富有。但也是一个大家族，而且是那种具有无可争议的正统家族。艾比的父亲纳尔逊·奥尔德里奇出生在海湾殖民地的一户富庶世家，母亲罗杰·威廉也是贵族后裔；她的祖先是一位名叫布鲁斯特的人，是当年最早搭乘轮船到新大陆来的人之一。

在这个新兴国家的初始阶段，人们都十分看重出身。当时的美国，出现了一批新型的上层阶级。他们是因为具有共同的目标而结合起来，形成社会上的上流门第。

这些上层家族、贵族组织在19世纪末开始大量涌现，而且为了彰显自己的地位，他们会有意地和那些商业"暴发户"区别开来。比如美国革命儿女会等组织团体就把东海岸的一些老世家划在一起，以便和从克利夫兰以及其他边远地区移民来居住的商人有所区别。

纳尔逊·奥尔德里奇就是一个声名显赫的上层家族，在美国国会中也有着极高的声望，这个家族的权威性和洛克菲勒家族在工商业一样。1881年，纳尔逊·奥尔德里奇进入参议院，当时，他只有5万美元的资产。可经过连续7届的总统更迭之后，这位累计执掌参院达30年的参议员，到离任时却积聚起了惊人的财富——3000万美元。

因为这一点，人们讽刺参议院为"百万富翁俱乐部"。当然，当时参议员并不是由众人投票选举的，能进入参议院的人，背后必定有庞大的利益支持。所以，每个参议员都代表一个利益团体。而参议院则负责平衡团体间的利益。纳尔逊·奥尔德里奇则被人们称为国会参院的利益总代表。

当时，美国的政治体制还不完善，批评家们自然不会放过这位集团利益的"总代表"。1905年，林肯·斯蒂芬斯在一个杂志上发表撰文，提醒人们要注意纳尔逊对糖业托拉斯的庇护，这位以揭丑扬名的记者还把纳尔逊称为"美国政治上的老板"。这篇文章发表后不久，另一个杂志立即连载了文章《参议院的背叛》，报道记者在第二篇文章中专门介绍了纳尔逊·奥尔德里奇参议员："他与金融巨头摩根是至交好友，他始终把紧密结合政治与商业视为自己最主要的任务……"

洛克菲勒虽然一心指望着儿子能在社会和政治方面扩大家族的影响，但他并没有刻意追求家谱上的光荣。过去，有几个远亲向洛克菲勒报告过，他们查询到，洛克菲勒家族往上追溯几代，隶属于欧洲的一个高贵血统，可洛克菲勒并没有在意。

但纳尔逊·奥尔德里奇的"政治和商业"联姻的构思，还是与洛克菲勒的思想产生了共鸣，洛克菲勒也预见到了"世族"联姻有可能更利于自己的家族，也会更利于家族事业的发展。

洛克菲勒一直专注生意，即使在生意做大之后，他的社交圈子也一直不大，通常是在基督教青年会、禁酒会以及浸信教几个地方活动。而纳尔逊·奥尔德里奇在参议院超过30年，虽积聚了不少财富，但并未涉猎实业。双方若要想更进一步发展，也都需要开辟新的领域。对于小洛克菲勒和艾比这对情侣来说，两家门当户对，而且双方父母都有"联姻"的需求，两人的感情也很亲密，成亲似乎是水到渠成、势在必行了。但小洛克菲勒和艾比还是在共缔良缘的道路上走了一段不算太短的旅程。

旅程的问题还是出在小洛克菲勒身上。其实，小洛克菲勒第一次在舞会上认识艾比后，两人就给对方留下了极好的印象。可是，毕业后，他们却分居两地，几年下来也没见过几次面。每次小洛克菲勒想和艾比的关系更近一步时，内心就会产生恐惧，生怕自己的心上人一口回绝自己。正是由于这种担心，小洛克菲勒一直没有向艾比求婚。

小洛克菲勒一直生活在这种矛盾中，似乎每时每刻都在做激烈的思想斗争。后来，他终于承受不住，就将事情告诉了母亲，最后又和母亲商量了好一阵，才下定求婚的决心。小洛克菲勒专程从纽约赶到普罗维登斯，向自己心仪四年之久的姑娘正式提出求婚。想不到艾比欣然接受了，幸福似乎来得太突然了，小约翰难以抑制心中的激动和喜悦，给母亲写信表达了自己心中的感受，约翰在信中写道：

亲爱的妈妈：

现在距离吃早饭还有一段时间，我利用这段时间给您写信，是因为我已迫不及待地想要和您分享我的喜悦——我终于实现了这么多年来一直深藏在心底的愿望。这么美好的时刻我想和您一起分享，她是我放在心上很久很久、爱她、要她做我妻子的唯一的女孩子。今天，当我鼓足勇气向她求婚时，她答应了，我觉得太幸福了，都有些不敢相信这是真的。妈妈，我不能给您带回比艾比更让您喜爱、渴望和为之骄傲的儿媳了。谢谢您，妈妈，因为您的鼓励，我才品尝到如此幸福的甘甜。

小约翰

小洛克菲勒跨出自己心里的一步，不仅缩短了他和艾比间的距离，更加快了两家"政治与商业"的结合。1901年，小洛克菲勒和艾比举行了盛大的婚礼。洛克菲勒为这场婚礼也"破费"不少，不仅在大饭店定下了好几套豪华房间，专门用来接待宾客，然后用两艘轮船送新婚夫妇去罗德艾兰，最后再把他们接进波坎蒂科山洛氏庄园里度蜜月。

《纽约时报》在报道这次盛大的婚礼时说："这几天，从全国各地发出的每一艘轮船及每一列火车上，都有身份显赫的客人。他们赶到纽约，来为洛克菲勒家族的那对新人祝贺。"当时，洛克菲勒家里的来宾超过1000人。

每天的报纸上都会有大量有关这次政商联姻的报道，记者们为了获取最新的报道资料，还尾随这对新婚夫妇的蜜月，想得到所谓"石破天惊"的新闻。不得已，为了躲开这些令人厌烦的记者们，小洛克菲勒只好偕同新娘一道前往波坎蒂科。在洛克菲勒家的庄园里，父母已经给他们准备好了房间，让小两口安安静静地度过蜜月。

洛克菲勒和艾比的蜜月是住在波坎蒂科山一所幽静的住宅里。蜜月结束后，两人搬到纽约西54街4号，和洛克菲勒夫妇住在了一起。直到他们租下另一处住宅后才搬了出去。搬入新居后不久，艾比就为小洛克菲勒添了儿女。他们的第一胎是女儿，也是两人唯一的女儿，取名为艾比·洛克菲勒、之后，艾比接连生了5个男孩：

约翰·戴维森·洛克菲勒、纳尔逊·奥尔德里奇·洛克菲勒、劳伦斯·斯佩尔曼·洛克菲勒、温思罗普·洛克菲勒和戴维·洛克菲勒。这些儿女们命中注定他们要在新一代的商业中扮演极为重要的角色。

第四个孩子劳伦斯出生时，小洛克菲勒在自己的住处盖起了一幢九层高的楼房。随后全家搬到了那儿，在当时，这是曼哈顿最大的住宅之一，六个孩子就是在那里度过了他们的少年时光和青春岁月。

小洛克菲勒和艾比的婚后生活过得很幸福。一次，他们的朋友问这对夫妇，为何要盖这么大的一幢房子呢？艾比·奥尔德里奇·洛克菲勒夫人不无风趣地回答道："啊，当然是为了把它塞满孩子喽！"

随着小洛克菲勒家孩子们的陆续降生，洛克菲勒家族的人丁也越来越兴旺了，人们总是能从那幢大房子里听到欢声笑语传出来。当然，小洛克菲勒一家人也不总是在西54街住，有时全家人会一起到其他的房子住上一段时间，最常去的，就是离基克贾特不远的阿贝恩顿山庄，那是一座旧宅，是过去洛克菲勒在买波坎蒂科庄园时，一起买来的。

小洛克菲勒和父亲不同，很喜欢外出游玩。每次工作之余，他都会和艾比一起离开家人一段时间，过二人世界。夫妻二人酷爱沙滩、山岛，对静静的缅因州海滨情有独钟。这是一个鹅卵形小岛，岛上风景旖旎，气候温和，是一个非常舒适的度假胜地。小洛克菲勒在这里租了一个小别墅，一直住到第三个孩子纳尔逊出世。

1910年，小洛克菲勒在西尔港买下了一座旧宅子，这座宅子是用坚硬的花岗石建成的，十分坚固，人们称它为"鹰巢"，共有一百多个房间。不过，最初买下这座房子时，房屋由于长时间受到海滨湿气的侵蚀，已经破损严重。所以，他们重新翻修了一遍，除修葺房屋外，还精心布置了房屋的四周，在屋前房后的空地栽花种草，还开辟了一座花园。布置好这些后，又在宅子周围盖起了围墙，据说围墙上的瓦片"曾是中国万里长城的一部分"，其壮观可见一斑。

回到纽约后的小洛克菲勒开始忙于自己的生意、事业，由于丈夫工作的需要，艾比则开始慢慢接触纽约的文化和社交圈子。由于性格活泼，艾比很快就在纽约社交圈成了名人。在文化方面，艾比也努力进取，1913年，纽约举办了一场阿尔穆雷展览会。在那次展览会后，艾比加入了现代派艺术社。她除积极参加活动，自己也开始做各种尝试，搜集各个艺术家的作品，也购买当代作品。她这样做的目的，用她自己的话说是："在家里多摆设艺术品，能够激发孩子们的艺术兴趣，这是一个潜移默化的过程。看得多了，他们就会慢慢接受艺术，提高自己的修养。"

后来，洛克菲勒家族把真格西54街的所有房产都捐给了博物馆。这时，在小洛克菲勒心中，妻子的作用显然不仅仅是帮助洛克菲勒家族的名声添砖加瓦那么简单了，她也给自己的事业，给自己的家族兴旺，都带来了不可估量的作用。

第八章　美好的家庭生活

1. 洛克菲勒家的基督精神

洛克菲勒一家人都是虔诚的基督徒。财富的日益增长，丝毫没有改变洛克菲勒的信仰。而且他也一直警醒着自己不能忘根，所以他到小教堂和社会中下阶层的教众一起做礼拜。接触这些身份卑微的人并没有让他觉得有失颜面，"去那里做礼拜的教徒没有几户过好日子的人家，不知道洛克菲勒是怎么想的……""可能他是想证明自己不是拜金主义吧……"有些人对洛克菲勒这一做法议论纷纷。但不管别人怎么看待自己，洛克菲勒都不在乎，一直坚持着自己的做法。

在克利夫兰欧几里得大街上，距离洛克菲勒家不远处有一所浸信会教堂。每到星期日，这所大教堂都会迎来大量穿着得体来做礼拜的人。它原本是伊利大街浸信会教堂，搬迁过来后改了名字，教堂的搬迁日期和洛克菲勒搬到这里的时间相差不多，这大概是因为教堂资金的主要募捐者是洛克菲勒。

在19世纪80年代，欧几里得大道浸信会教堂每年近一半的开销都来自洛克菲勒。也正因为这样，人们又称这所教堂为"洛克菲勒的教堂"。洛克菲勒非常喜欢这所教堂，他除了自己经常给教堂募捐外，还要自己的几个孩子每周都捐一些钱给教堂。但是有一个要求，"每一次的捐款必须是自己通过劳动挣来的钱，比如说打扫卫生。"洛克菲勒说。

对于教堂组织的慈善募捐活动，洛克菲勒向来慷慨大方。在他无数次的捐赠中，慈善家戴维森·琼斯为收留流浪孩子而创建的贫儿学校以及克利夫兰水手教堂联合会是受他恩惠最多的地方。

据洛克菲勒所说，他对教堂的事务如此热心，是因为在紧张激烈的商业生活中，他一直依靠宗教的力量给予自己精神上的补充和支持。他说："每隔一两个星期，我就需要有好的布道词给自己鼓鼓劲，就像给老钟表上弦一样。有了宗教信仰，我在工作和生活中就不会感到迷茫。"洛克菲勒的一生始终保持着坚定的信仰和虔诚向善的心。洛克菲勒和劳拉一起生活的40年时间里，夫妇两人一次也没有缺席过星期五的祷告会。而在做祷告的时候，洛克菲勒只要看到需要帮助的穷苦人，都会悄悄塞一些钱给他们。

因为对于宗教的虔诚，洛克菲勒和劳拉受到几个老牧师的盛情邀请，在教堂担任职务。1872年到1905年间，他们两人在一所主日学校（基督教开办的，仅周日上课的学校）任职。洛克菲勒是校长，劳拉也是学校的主要负责人之一。每次洛克菲勒讲课的时候，劳拉总会提前将工作完成，然后去教室专注地听丈夫在台上侃侃而谈。

洛克菲勒平时很少出现在公众面前，他从不去夜总会或是剧院之类的地方，教堂算是他最经常出现的公共场合。他每次去教堂做礼拜都会坐在固定的座位上，也因此常会引来了不少对他感兴趣的人的围观。

洛克菲勒教学的圣经班学生人数越来越多，因为有传言说洛克菲勒经常从班里挖掘人才，所以导致这个班人满为患。其实，这些都只是谣传而已。在教室里，洛克菲勒禁止学生谈论任何与商业有关的事情。曾有一位标准石油公司的助理督办以每桶1.09美元的价格购入一批石油，后来石油的价格有些波动，这位助理督办对于是否出手有点儿吃不准，就想听听洛克菲勒的建议。在洛克菲勒上课时，他提出了这个问题，结果受到了教训。

关于当时的情景，有个学生回忆说："洛克菲勒听到这位助理督办的问题时，满脸不悦的神情。他一言不发，就这么一直沉默着，教室里面的气氛显得尴尬极了。那位助理督办开始不安起来，最后他局促地站起来，嗫嚅地问道：'如果您是我的话，您会怎么做？'洛克菲勒有些生气地说道：'如果我是你，我会按照我认为的最好的方法解决问题。而且不会在主日课堂上提出这种问题。'助理督办连连道歉，并立即离开了教室。"

虽然洛克菲勒非常厌恶有人在自己的课上讨教生意问题，但他自己却常常在课上宣讲自己对资本主义的看法，他对于参加神学派别争论或是讨论来世的问题根本毫无兴趣。在主日学校里，学生们不止一次听到洛克菲勒说起自己的资本主义人生观："我认为一个人的宗教义务就是用公平诚实的手段赚取尽可能多的钱，能留下多少就留下多少，能捐赠多少就捐赠多少。"

作为商人，洛克菲勒将工业化进程加大收入差距的现象视为无意，并且从未因此感到困惑和不安。他的事业正是如日中天的时候，物质上的巨大成功更增强了自己的信念。洛克菲勒坚信这是因为受到了上帝的恩宠，所以才能拥有如此巨大的财富，而上帝之所以对自己这般慷慨，一定是因为自己被上帝选中要完成某一项神圣的使命。

洛克菲勒在主日课上任职时，尽职尽责。每到周末，他一定是最早到教室生火的人，放学后他熄灭所有煤气灯后才会离开。秋天到来的时候，他也会突然采集各种各样的树叶分发给班里的孩子，增加孩子们对生活的热爱和情趣。

另外，每次上课时，洛克菲勒总会不失时机地宣讲自己的禁酒信条，他的讲话也多围绕着这一点："孩子们，就是因为我从没喝过一口酒，所以我才没有变成酒鬼，我才能有更多的精力去做有意义的事……"每年夏天，洛克菲勒还会邀请学校里的老师和学生一起参加没有任何酒精饮料的野餐活动。

说到禁酒，这也是洛克菲勒最热心的公益活动之一。他最常去的教堂之一——水手联合会是对酗酒的水手们宣传禁酒的地方。在水手联合会吃午饭的时候，洛克菲勒常常和水手们边吃边聊，向他们宣传禁酒的必要性。

而洛克菲勒的妻子劳拉会和妇女基督禁酒会的一些家庭条件优越的妇女一起定期拜访"威士忌山"的克利夫兰贫民窟，和那里刚刚移民来美国的纺织工人共度一天，宣扬她们的禁酒精神。

她们在那一带的酒吧附近祈祷，请求上帝宽恕那些饮酒的罪人。这些善良的妇女还出钱租下一间店面，开办数家"友谊餐馆"，向那些"沉溺于酒精的饥渴灵魂"分发"健康食品和菝葜根（一味中药）"。洛克菲勒捐助了一家"中心友谊餐馆"，有时候，他和劳拉两人也会一起参加这家餐厅举行的抗议出售烈酒商店的活动。

其中的一次经历让洛克菲勒特别难忘，当他们游行到一家小酒馆门前时，洛克菲勒看到了一位老同学，他已经成了一个不折不扣的酒鬼了。因为酗酒，这位昔日成绩优秀的老同学至今一事无成，每天生活在醉生梦死里，让洛克菲勒感到非常痛心。

后来，不仅是洛克菲勒和劳拉，连他们的孩子也都加入了一个名为"忠诚军"的禁酒组织。

南北战争结束后，劳拉的父母也把注意力从废除黑奴运动转向禁酒运动。斯佩尔曼夫妇两人积极地投入到禁酒活动的行列，他们一面四处游说希望关闭市内的两千多家酒馆，一面直接到酒馆中祈祷，规劝饮酒者。

哈维·斯佩尔曼于1881年去世，妻子在他去世后回到克利夫兰，与女儿女婿们生活在一起。有了岳母的加入，洛克菲勒家的教义氛围更浓重了。

2. 年迈的双亲

在商战中，洛克菲勒可谓是冷酷无情。然而，在母亲艾丽莎的眼里，他却是个孝顺、体贴又温柔的儿子。母亲保留着切舍尔街的老屋，在这里洛克菲勒的画像被她摆放在客厅壁炉的上方。她除了夏季时会去福里斯特山避暑外，一年中的大部分时间都与小儿子弗兰克和玛丽·安住在一起。

虽然两人不经常见面，但她对洛克菲勒的感情要比别的子女更深一些。她向洛克菲勒述说心事，有他在身边就会感到满足和快乐，洛克菲勒也对母亲怀有很独特的感情。

在小洛克菲勒的记忆里，祖母与父亲的关系很亲密。用餐时，父亲总是充满爱怜地握住祖母的手。洛克菲勒是个不爱流露自己感情的人，但他会充满柔情地给母亲写信，像个孩子般地说："您不知道，您不在福里斯特山时，我觉得每一个房间都很寂寞，希望您不要再让它们在整个夏天都空着了。院子里的知更鸟早早就开始探听您的消息了。它们现在正在草坪上热切地等您回来呢！别让它们等太久哦！"洛克菲勒这种玩笑般的话语，也只有在写给母亲的信里才会出现。

1875年以后，年近七旬的艾丽莎开始出现健康问题。良言一句三冬暖，有时一句话的力量比名贵药材的威力还大。小洛克菲勒回忆说："每当祖母卧床不起，父亲就鼓励祖母，说她气色很好，离恢复之期很近了。于是祖母的病情就会渐渐好转。"

对于父亲比尔，洛克菲勒几乎是闭口不提的。人们至多大致地说出比尔和他的第二任妻子玛格丽特早年的一些状况。在1875年两人搬来弗里波特之前，他们曾在马罗阿购买了160英亩的农场，用的是洛克菲勒寄给他们的钱。

即使自己的儿子发了大财，比尔还是没有改变自己的生活习惯。整天一副快活无忧的样子，他经常一次外出游荡几个月，从本地医生那里买一些药剂，外出时转手卖给他人，在某一天会忽然带着一沓钞票回来。比尔虽然也与艾丽莎和洛克菲勒联系，但联系总是断断续续。他通常很久才回克利夫兰一次，住上几天之后便又消失不见了。洛克菲勒与父亲的感情是较为生疏的，他们很少见面，即使见了，也没什么话好说。

老比尔虽然年事已高，可是仍有颗不服老的心。有时，他还会戴一头引人注目的漂亮假发驾着马车在欧几里得大道上飞奔！

也许是洛克菲勒的家教极为严厉的原因，几个孩子都对这个"活泼可爱"的爷爷很着迷。每次爷爷来的时候他们都显得分外开心。他们喜欢爷爷身上浓厚的乡土气息，老比尔总是以滑稽的拉琴方式和各种各样的小幽默逗得孩子们开怀大笑。

小洛克菲勒说："祖父的到来总是让我们特别开心，可是他却不是总在这里，要很久才能见他一次。"在洛克菲勒的几个孩子中，比尔最喜欢的就是活泼可人的伊迪丝了。伊迪丝很喜欢玩射击游戏，每当她射中靶心，祖父比尔总是显得异常高兴，夸奖她说："我敢保证，十枪中有八次伊迪丝肯定能打中！"这样热闹几天之后，这位讨孩子们喜欢的老爷爷会突然离去，谁都不知道他究竟去了哪儿，孩子们也都会产生一种深深的失落感。

洛克菲勒心里对父亲一直有很深的成见，但他并没有过多地干预孩子们与爷爷的感情。比尔来的时候，尽管洛克菲勒很客气，但故意躲得远远的。洛克菲勒的母亲艾丽莎同样对比尔有很深的怨气，比尔的到来也会使艾丽莎感到很不舒服，她常以身体不适为由拒绝见他。

一个是坚韧虔诚的母亲，一个是放荡不羁的父亲，洛克菲勒就是在这样一个奇怪的家庭里长大。他从母亲身上遗传到了良好的品格，从父亲身上遗传到了经商的天分，最终才造就了一个伟大的商业帝国。或许，这是上天对洛克菲勒出身不幸的一种补偿吧！

3. 洛克菲勒的弟弟妹妹们

洛克菲勒是家中的长子，他有两个妹妹露西·洛克菲勒和玛丽·安·洛克菲勒，以及两个弟弟威廉·洛克菲勒和弗兰克·洛克菲勒。其中，洛克菲勒最为喜欢的是妹妹露西。露西也是一名浸信会教徒，她淡泊名利、与世无争。洛克菲勒说，和露西在一起，他总是能感受到一种让自己内心变得平静的力量。只是可惜，露西在四十岁时因病去世了，这让洛克菲勒和母亲艾丽莎痛苦不已。

洛克菲勒的另一个妹妹玛丽是个性格迥异的人，尽管她的丈夫是钱德勒—拉德公司的总经理，但是她不像其他贵妇人一样讲究排场，终年不变的一袭黑衣，显得庄严肃穆。家里也没有用人，一切杂物都是她亲自打理。她从不去教堂，也极少探望住得很近的洛克菲勒夫妇，可是她的丈夫却是福里斯特山的常客，很受孩子们的欢迎，因为他的口袋里总是鼓鼓的，里面装满了糖果。最让孩子们欢喜的是，有时这位叔叔还会搞一些神奇的小"花样"。一次他拉着一袋旧土豆来，打开袋子却发现，这是个精巧的"骗局"，每个土黄色的土豆上竟然都插着一枚小小的金币！这让孩子们高兴坏了！

　　和两个妹妹相比，洛克菲勒的两个弟弟性格的差别更大。其中，小弟弟威廉非常乖巧顺从，他从不和哥哥争吵，所有事都和洛克菲勒商量，并且很乐意听从洛克菲勒的建议。

　　威廉的性情和洛克菲勒截然不同，他对人友好，从不会像哥哥一样总是挑剔别人的行为。尽管两兄弟之间有些差异，但他们一直相处得很和睦。

　　后来，洛克菲勒开设了新公司，把经营权交给了弟弟。事实证明洛克菲勒这一决定是非常正确的。威廉也有着非凡的经商天分，而且善于沟通。他不像哥哥一样喜欢沉默和独立，总是能和石油商们愉快地交谈，然后迅速地达成合作。威廉好像生来就有一种魔力，能够让合作商们很快地喜欢上他。

　　性情温和的威廉在商界和约翰一样精明干练，做事沉稳大气。而洛克菲勒最为肯定的则是弟弟的忠诚可靠。有一件事让洛克菲勒记忆深刻，也常常向别人提起，就是当年威廉做公司记录员的时候，一次半夜醒来，他忽然想起货单上出了一个差错，就摸黑儿仓库做修改，以便清晨货船可以带着准确的数据出发。

而洛克菲勒的另一个弟弟弗兰克则大不相同。在三兄弟当中，洛克菲勒的性格最像艾丽莎，威廉则同时继承了父母两人的特点，只有弗兰克最像父亲比尔。弗兰克生性敏感，放浪形骸，非常喜欢打猎，经常喝酒、吸雪茄，克利夫兰俱乐部是他的常驻地。洛克菲勒看不惯弟弟这种毫不自制的生活方式，因此两人矛盾多多，由矛盾渐渐升级为针锋相对，最终两个人分道扬镳。

"一个家庭，两兄弟的性格差异却如此之大，世间你还能找到第二个吗？"弗兰克的一位朋友如是说。其实，早在美国内战时期，洛克菲勒就因为弗兰克非要参军的事和他大吵了一架，两人之间便有了隔阂。

在弗兰克参军期间，洛克菲勒的事业发展得极为顺利，很快他就成了当地有名的富翁。后来，弗兰克在战争中受伤复员回家。为了超过已经成为富翁的哥哥，他也选择了进入一所商业大学学习。毕业后，他没有去哥哥的公司，而是选择去克利夫兰别的石油公司工作。1870年，弗兰克迎娶了另一炼油业的大亨威廉·斯科菲尔德的女儿海伦·E.斯科菲尔德为妻，开始帮助斯科菲尔德经营炼油厂。

弗兰克这是有意与哥哥为敌。斯科菲尔德家族是克利夫兰最早定居的家族之一，威廉·斯科菲尔德是亚历山大—斯科菲尔德石油公司的合伙人，也是洛克菲勒在克利夫兰的主要竞争对手，而弗兰克居然娶了竞争对手的女儿，这无疑是对哥哥权威的挑战。

可是过了短短两年，弗兰克就不得不退出与哥哥的较量，因为洛克菲勒收购了亚历山大—斯科菲尔德公司。

两兄弟彻底反目发生在1876年，当时标准石油公司发展得非常顺利，洛克菲勒继续拓展公司业务，并开始陆续收购克利夫兰的炼油厂。

在商战中，洛克菲勒可谓是不分亲疏。即使是兄弟之间，他也同样毫不留情地施展商战手段。后来，洛克菲勒准备大批收购克利夫兰的炼油厂时，曾直言警告弟弟弗兰克，要他不要妄图与自己竞争，而且要求弗兰克赶紧归顺自己，把财产转移到自己公司的名下。

收购开始后，洛克菲勒再次告诉弟弟说："我绝不是个铁石心肠而又不会变通的人，我会敞开怀抱迎接你们，但是别让我等太久，因为收购已经开始了。我要求你们立即将克利夫兰的石油产业处理掉，否则后果绝不是你们想象得到的。希望你现在就听我的劝告。"

但弗兰克也是个性格倔强的人，又因为他和哥哥的关系早已有了裂痕，就没有听哥哥的话。结果，洛克菲勒毫不客气地吞并了弗兰克的炼油厂。

公司被收购后，弗兰克把自己持有的公司股份兑换为现金，然后用这些钱买下了伊利湖上的一支船队。

而洛克菲勒为了表示自己对弟弟的照顾，跟他签订了一份标准石油公司的货运合同，让弗兰克负责标准石油公司在克利夫兰的水上运输。

但是，弗兰克却全然不领情，和哥哥签下合同后，便不再用心经营船队。有一次，标准石油公司急需运输一批石油，但由于弗兰克平时疏于管理，运输公司根本不能及时完成任务，此时的弗兰克又刚好外出打猎，结果标准石油公司遭受了很大的损失。不久，弗兰克打完猎回到克利夫兰，洛克菲勒立即把他叫到办公室，很气愤地责备道："弗兰克，如果你还想做这门生意就好好做，如果不想做的话我们就换别人。我不允许你与我合作生意时再发生延误运输这种事情！"弗兰克自是不服气，就和洛克菲勒大吵起来。最后，洛克菲勒说："出个价吧，你们船队值多少钱，我把它买下来！"就这样，第二天，洛克菲勒就买下了弗兰克在船队的全部股份。

1878年，弗兰克与标准石油公司的另一竞争对手先锋石油公司合作，在克利夫兰建立了一家新的炼油厂。弗兰克又一次和哥哥站在了对立面，面对弗兰克的公然挑衅，洛克菲勒先是让威廉转告弗兰克，标准石油公司有能力做到比弗兰克的企业低一半的成本来提炼石油，也有能力并购他的公司，希望弗兰克尽快放弃和自己竞争的想法。

但显然，这些劝诫与威吓根本没有作用，弗兰克领导着炼油厂继续和哥哥竞争。1879年春，他又与俄亥俄州玛丽埃塔的几位独立炼油商进行接洽，准备几家石油公司联手，共同对抗标准石油公司。洛克菲勒知道这件事后非常愤怒，立即用强硬的商业手段击垮了弗兰克的炼油厂。两兄弟的关系变得越来越糟糕。

这一次，企业破产后，弗兰克过着极端贫困的日子。负气的弗兰克甚至想到死后都不要与洛克菲勒有关系，后来他把两个早夭的儿子也迁出了祖坟。

直到多年以后，弗兰克提起哥哥洛克菲勒仍是一副非常厌恶的表情，认为洛克菲勒是蛇蝎心肠。弗兰克死后，儿子遵照他的遗愿将他安置在一个孤零零的小山坡上，这个小山坡远离了洛克菲勒的家族坟地。

作为家中的老大，洛克菲勒为弟弟妹妹们做了一个非常好的榜样。只是，除了小弟弟威廉外，并没有人按照他的路走下去，甚至还有一个弟弟和他结下了极深的仇恨，这也是洛克菲勒生命中的一大憾事。

4. "楷模"般的妻子

虽然洛克菲勒出生的家庭有诸多的遗憾，但他与妻子劳拉结婚后建立的家庭是很美满和睦的。说起这一点，洛克菲勒总是会不厌其烦地夸赞他那"楷模"般的妻子。

与劳拉结婚后，洛克菲勒发现劳拉和他优秀的母亲非常相像。同样的坚忍不拔，同样的贤惠明理，而且还笃信宗教，对洛克菲勒的事业也是给予坚定的支持，这些美好的品质都让洛克菲勒越发地爱着劳拉。

除了日常的生活和工作外，劳拉把大部分闲余的时间都用于布道或沉思上。她与洛克菲勒从未发生过家庭争执，婚后几十年两人一直举案齐眉，相敬如宾。

小洛克菲勒曾说："母亲待人恭敬有礼，在她眼中，所有人都像兄弟一样亲！"她从不炫耀，更不信奉"金钱万能"。在很多年轻女人的眼里，有钱就意味着可以买很多漂亮的衣服、鞋子、首饰、化妆品……对她们来说，在装扮上花多少钱都不嫌多。但劳拉从来不会如此，她和丈夫一样倡导节俭，绝不铺张。通常她的衣柜里只有两套衣服，能够替换就行了，有时衣服上还会打上补丁。后来，即使丈夫变成亿万富翁，她仍然保持着以前优良的习惯，自己动手做家务，偌大的家中仅有两个保姆和一名车夫。

洛克菲勒也是如此，虽然坐拥亿万家财，洛克菲勒的饮食却像平民一样，午餐是一份汤、几块面包，外加一份黄油，偶尔在面包上抹一点红鱼子酱。洛克菲勒一生过着"平淡节俭"的生活，在外人看来，这或许与他的财富地位是不相称的。但是，洛克菲勒却已将这种生活变成为自己生命中的一部分了。洛克菲勒一家人都很享受这种恬静的生活，他们从来不曾举办过盛大奢侈的宴会，即使是过生日，他们也从来不摆大型酒宴。

在少女时代，劳拉就曾对知识充满兴趣，在成为家庭妇女和母亲之后，她依然保持着自己特有的智慧，并把它用于子女的教育上。劳拉认为，女人最崇高、最困难的任务就是做个贤妻良母，她从来不会像其他贵妇一样溺爱孩子，而是让孩子们明白何为责任，何为义务，何为孝敬父母，并培养他们的独立意识，要求他们自己的事情自己做，学会明辨是非，要有良好的品格和坚强的意志。

另外，劳拉在时间的利用方面做得也丝毫不比丈夫逊色。她的姐姐露西在这方面感受颇深，在回忆起儿时的事情时，露西曾说："劳拉从小就是个很有原则的人，做任何事都是今日事今日毕。她认为这是每个人的职责所在。为此，她常常会仔细分配一天的时间，每一分每一秒都不会浪费。"

而洛克菲勒在商场上很少犯错，除了他自己很精明强干外，还有很大一部分功劳要归属劳拉。因为贤惠的劳拉总是会给他提出一些可靠的建议，如果两人在某些问题上意见相左，劳拉就会及时提醒他不要犯错。

大部分时候，劳拉和洛克菲勒之间会显得有些沉闷，这是因为两个人的理念一致，和别的夫妻相比少一些沟通和交流也是在所难免的。

可对洛克菲勒来说，能够娶到一位如此贤惠的妻子是他一生的幸运。劳拉一直无怨无悔地支持着他，也一直尽心尽力地教育着孩子们。女儿伊迪丝说："母亲对待任何事情都是那么负责任。她任劳任怨，从不埋怨谁，更不会嫌弃谁，对所爱之人都是饱含信心与深情。"

5. 洛克菲勒的孩子们

1866年，洛克菲勒的女儿伊丽莎白出生在切舍尔街。他们是抱着小伊丽莎白搬到了那条富翁街的。在欧几里得大道的住宅里，洛克菲勒的其他几个孩子陆续降生：1869年艾丽丝出生，不幸的是艾丽丝一年后夭折了，1871年阿尔塔出生，1872年伊迪丝出生，独子小洛克菲勒于1874年出生。

洛克菲勒是个极其成功的商人，很难想象，这样的人还能够成为孩子们和蔼慈祥的父亲，以及一个主动帮助妻子照看孩子的贴心丈夫。

劳拉的姐姐露西一直对这样一个画面印象深刻：洛克菲勒哪怕是刚刚睡着，但只要听到孩子的哭声，他就会立刻起来哄孩子，抱着孩子来来回回地走，直到孩子安静下来。洛克菲勒对待孩子向来都很有耐心，从来没对孩子发过脾气，更不用说打骂了。和老父亲比尔比起来，洛克菲勒完全称得上是一个疼爱孩子的父亲和顾家的丈夫。

当然，洛克菲勒也有和父亲相似的地方——都是孩子们的好玩伴。有时候，洛克菲勒下班回家，正赶上孩子们在玩捉迷藏，他就会悄悄地放下手里的东西加入进去，当孩子们发现爸爸在自己的行列时都变得更加兴奋了。他还经常给孩子们当马骑，在地板上来回爬，孩子们在他身上高兴得手舞足蹈，他自己也乐个不停。

洛克菲勒也很喜欢给孩子们讲故事，这时候，他仿佛与围坐在自己身边听讲童话故事的孩子们一起沉浸在幻想的世界里。有时，洛克菲勒还会即兴表演一些小魔术、小杂技逗孩子们开心。一次，一家人正吃饭的时候，洛克菲勒用鼻子顶起了一摞瓷盘，样子非常滑稽，孩子们顿时来了精神，围在洛克菲勒身边欢闹不已，用餐的气氛顿时变得愉快了。

当然，洛克菲勒也少不了带着孩子们参加丰富的野外活动：教他们划船、游泳、溜冰、骑马，带着他们进行极为有趣的郊游。

渐渐的，孩子越长越大，为了能让孩子们有更好的娱乐活动，洛克菲勒和劳拉开始鼓励和培养几个孩子对音乐的热爱，每个孩子都选择一样自己喜欢的乐器：阿尔塔选择了弹钢琴，伊迪丝选的是大提琴，伊丽莎白和弟弟小洛克菲勒则是一起学习小提琴。

孩子们学会了几支曲子后，洛克菲勒家里开始经常有四重奏响起，整个宅院里四处飘荡着古典音乐的美妙旋律。孩子们把音乐看作极为严肃的艺术，而不是闲暇的消遣，洛克菲勒家的四个孩子经常会在教堂集会上进行表演。不过，洛克菲勒和劳拉也不反对孩子们学习流行音乐的演奏。

此时，孩子们也变得越来越懂事，他们甚至都开始注意自己的言谈举止，这一点让很多人都难以理解。一位曾在洛克菲勒家任职过的家庭教师，在多年后回忆起那段日子时，依然对那个家庭沉闷的气氛感到压抑："一般家庭的孩子常见的特点很少在那里看到，他们不会乱跑乱跳，更很少听见大笑的声音，孩子们端庄得像是王子和公主，彼此相处也不会追逐嬉戏，过度和不合年龄的规矩总让人备感压抑和沉重。"

但显然，孩子们的"中规中矩"并非洛克菲勒夫妇的刻意教导，而是孩子们在父母的影响下潜移默化地形成了这种性格。不仅是言谈举止，就连思想和观念，这几个孩子也都和父母极其相似：对世俗娱乐不屑一顾，甚至是厌恶，除了去教堂做礼拜，基本不参加外面的社交活动。和学校同学的交往也仅仅限于教友的孩子，偶尔，孩子们会邀请特别要好的同学来自己家里做客、留宿，可洛克菲勒家的孩子却从不会在外留宿。

"我们一直都是在自己家玩，"小洛克菲勒回忆说，"我从来没有在别人家住过，甚至很少去别的小朋友家玩，就连邻居家也很少去。在我的童年生活里，只有别人在我们家玩的记忆，而且玩伴也总是那几个人。"

洛克菲勒一面要发展事业，继续扩展公司业务，一面又要思考如何培养孩子价值观的棘手问题。他希望自己的孩子能够形成正确的价值观，特别是在金钱上。但现在洛克菲勒家的条件非常优越，想要培养孩子正确的金钱观显然是非常困难的。

洛克菲勒为了不让孩子产生出身优越的骄纵感，在孩子们成年之前，他从没有带他们去过自己的办公室和炼油厂，不让孩子产生"我父亲是有钱人"这种意识。

而且，洛克菲勒还会在实际生活中引导孩子们自觉关注勤俭节约的事情，并给予奖励。一次，洛克菲勒告诉大女儿，以上一个月的煤气账单为准，以后每月节省下来的钱就归她个人所有。从那以后，伊丽莎白一到晚上就四处转，见到没人在用的煤气灯就关小一点。结果煤气费降了下来，伊丽莎白得到了更多的零花钱，也学会了节约。

都说是严父慈母，然而洛克菲勒的妻子劳拉对孩子们的管教也同样严格。有一次，孩子们吵闹着要买自行车，洛克菲勒提出给每个人都买一辆，劳拉反对说："不行，我们只买一辆。"洛克菲勒不解地问："亲爱的，这花不了几个钱啊？"劳拉笑了："是花不了多少钱，不过，这并不是钱的问题。如果孩子们只有一辆自行车，他们就会学习相互分享。"

虽然洛克菲勒的几个孩子一直生活在富裕的家庭里，但是他们的生活条件并没有比洛克菲勒小时候的条件要好多少。就拿穿衣服来说吧，三个女孩子一直穿的都是朴素的格子布裙，连"皇储"小洛克菲勒也不例外，8岁之前他都是穿姐姐们穿旧的衣服。

另外，洛克菲勒一直将良好的自制力视为重要的品质，为了培养孩子们好的自制力，他规定孩子们每天只能吃一片奶酪，而且要彼此监督。一天下午，伊迪丝吃第二片奶酪时被阿尔塔揭发了，那天下午，每当洛克菲勒看到伊迪丝时都会用一种慢吞吞地语气说："你今天贪吃了！"让伊迪丝尴尬不已。还有一次，几个孩子一起取奶酪时，伊迪丝拿了一片最大的，阿尔塔和约翰齐声揭发，于是，洛克菲勒就换成了一句："你今天的行为很自私啊！"

洛克菲勒是个特别守时的人，所以他要求孩子们也要严格遵守时间。因为洛克菲勒在时间上的要求有些过于苛刻，孩子们有时也会为此忐忑不安。有一次，小洛克菲勒竟然用秒计算从电报室到二楼书房的时间。洛克菲勒的女秘书回忆说："每到快上课的时间时，洛克菲勒就会开始看时间。只要是洛克菲勒站起来了，孩子们立即就都跟着他去上课了！"

洛克菲勒对时间的苛刻要求还体现在祷告上：每天用早餐前，

全家人会一起做祷告，谁不守时就要被罚1美分。吃饭前要朗诵《圣经》章节，有什么疑问可以问洛克菲勒或者劳拉。在上床休息前，他们也要背诵祷告词，洛克菲勒夫妇希望孩子们积极参与祷告，特别是在星期五晚上。他们希望孩子们像大人一样祷告，做个虔诚的浸信会教徒。

洛克菲勒家的孩子们星期天也不轻松，祷告、参加主日学校的活动、参加祷告会、唱赞美诗、看《圣经》和主日学校的读物，他们像个小大人一样，每天的日程都排得满满的，忙也成了他们周末的主旋律。

在一般人看来，周末是个休闲放松的日子，而洛克菲勒家有这么多的安排，是不是有点让人难以忍受呢？其实不然，洛克菲勒的孩子们还是很喜欢这样过周末的。参加教会活动时，劳拉会抽出一个小时与孩子们谈心，让每个人都进行深刻地反思，并将自己做错的事说出来，然后祷告，祈求上帝原谅。在一次次的反思中，她让孩子们认真体会"战胜自我者才是强者""明智生活的秘诀是简朴"这些箴言。

洛克菲勒家族还有一个老传统是记账。洛克菲勒除了鼓励孩子记账之外，还在家里模拟市场经济，他让劳拉当"总经理"，让孩子们当"职员"，认真记下他们的每一笔账目。孩子们做的每一项家庭劳动都可以得到相应的报酬，比如削铅笔、打扫卫生、洗碗、拔草这些都算。洛克菲勒就是要培养孩子养成通过劳动赚取零花钱的习惯，并以此为荣。

洛克菲勒的几个儿女都是在这样严格又充满慈爱的环境中长大的，学到知识的同时也学会了怎样做人。洛克菲勒的三个女儿在长大后，被送到女子学院去读书。大女儿贝丝曾就读于华沙女子学院，次女阿尔塔喜欢唱歌弹琴，热心于教会服务，在克利夫兰的意大利人区，她开设了一个收容院，来帮助一些孤苦无助的孩子。在纽约，她还办了一所女子缝纫学校。三女儿伊迪丝专攻语言学、艺术和音乐。

很快，孩子们都长到了谈婚论嫁的年龄。说起这几个孩子的婚姻，洛克菲勒还算是比较满意的。

大女儿贝丝第一个谈论婚嫁。1889年，她与青梅竹马的男朋友查尔斯·斯特朗结为连理。查尔斯的父亲，是著名的浸信会牧师、教育家奥古斯塔斯·斯特朗。后来查尔斯攻读哲学，成了康奈尔大学著名的哲学教授。婚后，他们到欧洲度了蜜月，婚姻生活一直很美满。不幸的是，贝丝后来身染重疾，年仅40岁便病逝了。

1895年，小女儿伊迪丝嫁给了国际收割机公司的继承人哈罗德·麦考密克。这桩婚姻给洛克菲勒带来的好处是巨大的，它意味着两个巨大公司的结合。在纽约54大街宴请了宾客之后，新婚夫妇便定居芝加哥。伊迪丝从小就是个富于个性、反对传统的女孩子，与其他两个姐姐不同。婚后，她过着公主般豪华的生活，其生活奢侈浪费，她是洛克菲勒家族的子女中唯一没有继承节俭传统的人。

1901年，次女阿尔塔嫁给了E.帕马利·普伦蒂斯，一位芝加哥的年轻律师、哈佛法学院的高才生。他曾在芝加哥当了多年的律师，后来迁居纽约，创办了一家律师事务所，专门处理洛克菲勒家族事务。这个律师事务所后来几经合并，成了美国一流的事务所，并更名为米尔班克—特威德事务所。1924年，普伦蒂斯改行研究农业，在麻省开办农场，并写了两本关于养牛和防止饥荒的书。

唯一的儿子小洛克菲勒与参议院有名的纳尔逊·奥尔德里奇家联姻，娶了又漂亮又能干的艾比·奥尔德里奇作儿媳，为洛克菲勒家族日后扩大影响、登上政治舞台起了相当大的作用。

对于大女儿、二女儿和小儿子的婚事，洛克菲勒都很满意，婚后的几对小夫妻，都为洛克菲勒添了孙子孙女，使洛克菲勒得以享受天伦之乐。唯有伊迪丝的奢侈以及风流韵事和奇特爱好令洛克菲勒感到有些难堪。好在他与喜做善事的亲家相处得很好，两家时常往来，多少弥补了一些他的遗憾。

商场中的洛克菲勒是个睿智的强者，面对的是无数的竞争对手，他依然能够脱颖而出。家里的洛克菲勒是个好丈夫与父亲，不仅娶到了一个贤惠的妻子，还培养出了几个优秀的孩子。在对待事业和家庭的问题上，获得双丰收的洛克菲勒无疑给我们上了宝贵的一课。

6. 美满的家庭生活

在对待家庭的态度上，洛克菲勒显然与自己轻浮浪荡的父亲截然不同。他十分珍惜自己的家庭生活，甚至很传统，显得有几分刻板。他的生活作风很像现代商业的创始人杰伊·古尔德，没有任何不良嗜好：不喝酒，不抽烟，也不招蜂引蝶。家庭生活中温柔体恤的洛克菲勒和生意场上的冷面决绝的形象截然相反。

洛克菲勒和劳拉生活严谨，一向远离他们认为是"邪恶"的东西，虔诚地遵照基督教的宗教信仰安排活动。偶尔，他们也会预订座位去听音乐会，但绝对远离那些他们认定的粗俗戏剧。

他们远离世俗的社交场合，交往圈子只限于亲戚、同事和教友，很少去俱乐部或者宴会。"我并不喜欢参加俱乐部的活动，"洛克菲勒曾坦言自己的乐趣所在，"下班回家后躺在安乐椅上打个盹、休息一会儿要比晚上到处逛好得多。我喜欢待在家里和家人一起，哪怕什么都不做也感觉安心踏实。"如果离开家，洛克菲勒也会找合乎自己脾性的、有着和蔼亲切作风的牧师一起待着。洛克菲勒是美国"镀金时代"里的一个标准的"宅男"。

洛克菲勒的业余时间乐于待在家里，这其中一个重要原因是他滴酒不沾，而且有着严格的禁酒观念。洛克菲勒一直保持这样的习惯，即使是到晚年，如果他收到了宴会邀请，那他总要提前去宴会视察一番，然后毫不犹豫地拒绝那些有酒瓶出现的场合。他和劳拉不仅赞助、参与禁酒宣传，而且还劝说政府将禁酒准则加到学生课本里。由于在禁酒的问题上花费了大量的精力，不免限制了他们的社交活动，但是在他们看来非常愿意待在自己的小天地里，独自过着自己幸福的家庭生活。

别人问到洛克菲勒长寿的秘诀时，洛克菲勒忠告说："我能活到现在是因为我能够享受生活。空闲时，多到户外走走，晒晒温暖的阳光，平时再多做一些体育运动。"在30多岁时，洛克菲勒给住处和办公室连了一条电报线，工作不繁忙时，他就可以待在家里，靠发电报来处理一些简单的事务。如此，他每周就有三四个下午可以待在家里，侍弄花园里的花草，同时晒晒太阳，运动运动。他把工作和休息合理地结合在一起，使自己的身心得到调节和放松。"用与时间同行的步调生活，放松心情，不紧不慢，稳步前进，你就会发现生活是非常美好的。"他像一个传道士一样讲述自己的生活理念。

洛克菲勒能如此准确地把握时间，全是得益于他有严格的作息规律，从不违背。这在别人看来未免过于死板，没有乐趣，但他却觉得唯有这样才能感到踏实。作为洛克菲勒家族的负责人，他没有时间像普通人那样无所事事地虚掷光阴。他的时间被精确地划分为4个部分：处理公司业务、参加宗教或禁酒活动、和家人一起玩乐、锻炼身体。

也许正是这些十分规律又丰富的日常安排，才使他得以缓解来自各方面的无形压力。虽然洛克菲勒看上去总是一副胸有成竹的样子，但建立如此庞大的一个石油帝国，他心里又怎么会没有压力呢？

有一次和老朋友弗拉格勒交谈时，洛克菲勒曾说："公司遇到问题时，我会一连好几宿都睡不上一个踏实觉，不知道事情会办得如何……我整晚睡不着觉，躺在床上辗转反侧，担心事情会出现糟糕的结果……"

只是在平时，他把作息时间安排得满满的，好把这种紧张和不安深深地埋藏在心中，然后多花些心思在美好的家庭生活上，来缓解这些痛苦。

在洛克菲勒晚年，劳拉的姐姐露西搬到了洛克菲勒家里住，露西比劳拉大两岁，姐妹俩的关系非常好。茶余饭后，她总是为洛克菲勒夫妇朗诵现代文学作品。而洛克菲勒夫妇对世俗文化的仅有的一点了解，大概也是从她这里听来的。

后来，露西的性格渐渐变得有些古怪，也许是因为年长的缘故，偶尔还会和孩子们闹闹小脾气。当然，大多数时间，活泼慈善的露西还是很受孩子们欢迎的。也因为她的存在，这个恪守基督教义、略显刻板的家庭变得更有活力了。

第九章　慈善生活

1. 一生中的十字路口

19世纪90年代，洛克菲勒不知不觉中也走到了他生命中的十字路口。在已经度过的漫长的几十年中，他一直在拼命挣钱，积累了一大笔财富——这笔财富是以亿万来计算的。但现在他更加忙碌，不仅要管理他的业务，还要安排他的投资和慈善事业。当标准石油托拉斯陷入一系列纷繁复杂的案件时，他又不得不在法律辩护等事务中耗费掉精力和时间，他曾经健壮的身体由于操劳过度终于向他造反了。

自16岁参加工作以后，洛克菲勒的假日几乎为零了，夜以继日地超负荷工作终于让他的身体逐渐垮了下来。洛克菲勒的饭量开始变得越来越小，每天只喝些牛奶、吃少量的麦片，被朋友戏称为"小鸟的食量"。但是，他的身体却在不断发胖，而且失眠也找上了他，医生诊断说他患了严重的消化功能紊乱症，必须好好休息静养。

由于身体各个零件都开始罢工，在1893年，洛克菲勒开始暗自计划退休后的生活。为了更好地让身体机能恢复，在邻近纽约州的塔里敦，洛克菲勒出钱买了一块土地用来建造住宅。到1896年的时候，由于消化功能紊乱并发了脱毛症，洛克菲勒的头发开始脱落，随后连眉毛也掉了，他失去了往日的神采奕奕，这些改变令亲朋好友惊讶不已。为了遮住光秃秃的头部，他常戴一顶黑帽子，后来他换上了一种漂亮的白色假发套。

此时，洛克菲勒开始考虑退休的问题，逐渐放松了对标准石油公司的控制。不久，他在隐秘的情况下搬到了纽约附近的别墅，接替他的是公司副总裁亚吉波多。当然，他对公司还有相当大的支配权。有时，他还会去办公室看看，处理一些私人事务和投资。到了1899年，他几乎不去公司了，只是通过家里的直拨电话每天与亚吉波多保持联系，远程了解和控制公司。

退休以后是坐享股息以度余年呢？还是干点别的什么？这是洛克菲勒闲暇之时经常考虑的一个问题。思来想去，最终洛克菲勒决定要创建一个机构，一种比他的石油托拉斯更能够笼络人心的机构。他已经赚足了钱，但同时遭到了很多人的厌恶和唾骂，为此，他需要做一些事情，想办法让自己的子孙能够安然地在社会上生活。这也可能就是洛克菲勒晚年忽然决定大力投资慈善事业的原因。

事实上，洛克菲勒由于宗教信仰的缘故，他的捐钱行善早在年轻时就一直在进行了。他笃信基督，曾经长期在克利夫兰和纽约的基督教浸信会担任教职。宗教活动是他生活中仅次于经商挣钱的大事。起初，他只捐献几美分或几美元给教堂，后来，随着收入的增加，他的捐款数额也逐渐大了起来。不过，这些捐助都是零零碎碎的，并没有什么统一的项目，而且和洛克菲勒的巨额收入相比，这些捐款实在是少得可怜。据统计，到19世纪80年代末，洛克菲勒一共才捐出十几万美元。而在之后的时间里，洛克菲勒任意的一次捐款都有可能高出这个数额几倍、几十倍。

2. 热心的慈善家

19世纪80年代末，洛克菲勒已经是个超级大富豪了，要求他捐钱的人很多，每天求助信像雪片一样飞到他的办公桌上。但是洛克菲勒并不会随意捐赠，每捐出一笔钱之前，他都会派人仔细核查求助人的信息，确认捐款后，由洛克菲勒亲自在支票上签字，最终才会转给财务部。在捐款的过程中，洛克菲勒还结识了一个很好的朋友弗雷德里克·T.盖茨。

弗雷德里克出身于浸信会牧师之家，家境贫寒。靠着自己的勤奋努力，他读完了堪萨斯大学。毕业后，他到银行工作了一段时间后，又前往罗彻斯特大学深造，其间还兼职做着中间商的生意。但最终他并没有去经商，而是继承父业，成了一个牧师。

弗雷德里克是在小洛克菲勒的介绍下，才与洛克菲勒相识的。据小洛克菲勒说："弗雷德里克是位非常优秀的理想家，我只是在恰当的时候向父亲介绍了他。"小洛克菲勒在推荐人这方面很有一套，特别是推荐给自己的父亲。他不会直接向父亲啰唆地介绍那个人的优点，而是会在洛克菲勒感到心情轻松愉快的时候，比如茶余饭后或者户外散心的时候，他再向父亲进言，于是他的一些很重要的计划都很容易得到父亲的认可。

在认识了洛克菲勒后，弗雷德里克常常在金钱上给他一些忠告："您的财产日益累积，就像暴风雪一样来势凶猛——所以您必须立即让它消散一些！否则，它很有可能会让您和您的儿女以及后世子孙受到金钱的连累。我认为，用它来投资慈善事业是一个最合适的选择。"

自从退居二线后就一直在琢磨建立慈善机构的洛克菲勒，自然很快就采纳了弗雷德里克的意见，组织成立了一个慈善机构，并投入了大笔资金。然而，洛克菲勒对慈善事业的详细规划却不感兴趣，对慈善机构所面临的问题，也就不是很清楚。由于洛克菲勒的"不感兴趣"和"不清楚"，管理慈善机构的重担就落在了小洛克菲勒身上。

对于这个重担，小洛克菲勒还是很愿意承担的，他一直是个对慈善事业非常热心的人，所以，老洛克菲勒几乎将所有的"慈善企业"都交给他打理。小洛克菲勒积极地投身到慈善事业的管理中。这时的小洛克菲勒虽然还没有正式继承老洛克菲勒的事业，但是，他在慈善事业管理上已经初步显现出洛克菲勒家族独特的气魄。

而且对小洛克菲勒来说，这不仅是在为父亲做事情，更是可以借此来提高属于自己的名誉。小洛克菲勒从小就是在父亲庞大的声望下成长起来的，此时，他终于有机会走出父亲的荫蔽，一展自己的能力和抱负。

小洛克菲勒接手了慈善事业后，立即找到弗雷德里克，详细了解弗雷德里克的慈善机构成立计划。然后他开始选择联络慈善相关事项的知名人士，并随时留意、寻找管理人员以便进行慈善机构的运营等。

当弗雷德里克建议组建一个医学研究所时，小洛克菲勒立即把当时医学界的名流约翰·霍普金斯大学的几位博士请来担任研究所所长，并积极物色董事会的一些主要成员来管理研究所，甚至还请来著名医学人士西蒙·弗莱克斯纳担任董事。不仅是研究所的人事需要，还有它的发展规划，小洛克菲勒都进行了详细的制定。

新的医学研究所建立后，小洛克菲勒更加积极热情地参与其中，逐渐结交了很多慈善业里的知名人士。

随着在慈善事业里越来越多地崭露头角，小洛克菲勒也逐步成了慈善事业中的一个著名人物。1901年，美国南方著名的教育改革家罗伯特·奥格登对小洛克菲勒发出邀请，希望他一起前去考察南方黑人学校。小洛克菲勒立即同意了，他和全美50位知名人士一起开始了考察之旅，这次旅行对小洛克菲勒意义非凡，他称之为"我一生中最重要的事件之一"。

见识了南方黑人学校的破旧与落后，小洛克菲勒的内心得到了一种前所未有的冲击，他下定决心要为这些学校做点事。旅行回来后，他立即与父亲洛克菲勒、牧师弗雷德里克和浸信会布道人士华莱士·巴特里克博士会面，他与大家详细地讨论了这次旅行经历。

1902年2月，小洛克菲勒成立了普通教育委员会，然后他代表父亲做出保证，在今后的10年里将会对这个新的基金会陆续提供100万美元的捐助。

接着，为了帮普通教育委员会凑足慈善资金，小洛克菲勒多次向父亲请求。终于，几周后洛克菲勒签下了一张1000万美元的现金支票，过了不久，洛克菲勒又慷慨地捐赠了数千万美元。在之后的10年里，洛克菲勒的捐赠数字持续上升。截止到1921年，仅普通教育委员会这一个慈善机构，他捐赠的金额就达到1.29亿美元。在改善黑人教育这一慈善事件上，洛克菲勒父子都尽心尽力，因而也让洛克菲勒家族的声望大大提高。小洛克菲勒在做慈善的时候十分努力，得到了意想不到的回报，不仅证明了他强大的事业管理能力，还让父亲甚至家族的声誉得到改观，并大大推动了美国教育事业的发展，真是一举多得。

小洛克菲勒建立的教育委员会提出了很多先进的教育理念，这些教育理念对美国的教育体制产生了深远的影响。而普通教育委员会也变成了南方教育委员会的"银行"机构，南方教育委员会的多数资金都是由普通教育委员会提供的。虽然洛克菲勒没有亲自参与，但无疑他和小洛克菲勒是美国教育事业发展的最大推动力量。这正如赫斯特主编的《世界主义者》杂志所说："小洛克菲勒掌握和继承'这样一笔财产'，如果他拿着所有钱去做坏事，就有可能让我们文明推迟小半个世纪。但事实却恰恰相反，洛克菲勒父子用这些财产努力支援和救助这个世界，让我们的文明加速发展了小半个世纪。而小洛克菲勒也成了美国慈善事业的领头羊。"

小洛克菲勒能够成为国内慈善机构中的领头羊，除了他自己的努力外，自然也少不了洛克菲勒和牧师弗雷德里克的支持。老洛克菲勒在教育委员会等慈善事情上的投入是相当巨大的，他有将近一小半的个人财产都捐献给了慈善事业。

弗雷德里克则是小洛克菲勒事业上得力的合作伙伴和导师。弗雷德里克不仅帮助小约翰打理慈善事业，有时还为洛克菲勒处理一些冒险投资，并教给小洛克菲勒一些石油事业上的管理方法，深得小洛克菲勒的尊敬。

但由于弗雷德里克的性格比较傲慢不羁，做事特立独行，以致有一段时间小洛克菲勒感到很难跟他合作共事。后来，小洛克菲勒在继承家族企业时，开始安下心来，让自己充当一名忠实的学徒，期间多是弗雷德里克在指导他，这让小洛克菲勒再次由衷地感谢和钦佩起这位良师益友。

不久，小洛克菲勒掌握了公司里的工作程序后，开始去熟悉外部世界。他同弗雷德里克一起乘火车巡视那些分散在世界各地的家族企业。一路上，洛克菲勒的这位资深顾问兼牧师开始不断地给小洛克菲勒布道："虽然说洛克菲勒这样的大家族在事业上极易招致祸患，但只要多做善事、广施恩惠便可以避免祸患……"虽然都是一些老生常谈，可是，小洛克菲勒还是很耐心地倾听。在他心中，弗雷德里克和自己是亦师、亦友、亦长辈的关系，每句忠告他都应该牢牢记住。

在洛克菲勒、小洛克菲勒和弗雷德里克牧师三人的共同努力下，洛克菲勒家族由商业巨人摇身一变成了慈善大家，为美国、为世界做出了很多重要的贡献。

3. 投资创办学院

在19世纪90年代以前，美国的大学寥寥无几，只有哈佛大学、约翰·霍普金斯大学等仅有的几所。但随着美国社会逐渐趋于稳定，以及生活条件的改善，人们对精神世界的追求也越来越强烈，于是大学教育蓬勃发展起来，斯坦福大学、克拉克大学以及芝加哥大学都是在这个时期创建的。此时，洛克菲勒也在考虑为教育事业出一份力。不久，在几个著名教会人士的建议下，他萌发了兴建大学的念头。

当时的建议者分西派和北派。北派以洛克菲勒的亲戚史强先生为代表。史强是一个理想崇高但与现实有些脱节的读书人，他建议洛克菲勒家族在纽约设立一所研究院性质的高等学府，聘请一流的导师和教授，招收最优秀的学生，再加上家族雄厚的资金支持，学校就能打造出高水平的技术人才。这样，他们便可以推动美国精神文化的发展。

史强提出的捐款数额是2000万美元。洛克菲勒再三考虑之后，回绝了他的要求。因为洛克菲勒觉得这个建议理想化大于实践性，因为美国当时社会的整体教育水平还不是很先进，社会真正需要的不是那样的高等学府，而是普遍化的学院。

就在此时，西派代表弗雷德里克找到洛克菲勒，和他商议出钱资助摩根·帕克神学院以及兴建新大学的事情。

摩根·帕克神学院成立于1856年，创办人是美国著名政治家斯蒂芬·道格拉斯，神学院与老芝加哥大学也有着一些渊源。但此时，神学院以及老芝加哥大学都因为资金不足已走入困境，甚至面临倒闭的危险。就在学院负债累累之际，又有谣传说是老芝加哥大学著名教授哈珀已经受聘于耶鲁大学，这又给摩根·帕克神学院带来一定的负面影响，加速了神学院的衰败。为了能够拯救学院，院长找到此时已经在慈善界颇有盛名的弗雷德里克，希望他能提供帮助。

而一直热心于慈善教育事业的弗雷德里克立即组织纽约的几所浸信会召开会议，讨论如何挽救芝加哥大学、摩根·帕克神学院以及其他面临困难的大学和教会的问题。会议选举弗雷德里克为执行秘书，由他拟稿写一份调查表格，寄往各地的教会、大学，看大学和教会真正需要的是什么，然后再决定如何着手兴办学院。

不久之后，调查表格收回来，经过仔细统计研究，弗雷德里克指出，美国中西部及大平原区上的各州居住的都是浸信会基督徒，但在如此广阔的土地上却没有一所像样的大学，而东部已有几所声誉卓著的浸信会高等学府。所以，他建议召集浸信会教士开一次集会，把所有富裕的教友聚集在一起，共同出资创办一所好大学。

1888年，浸信会的教育团体会议在华盛顿召开，并一致通过了弗雷德里克的建议，兴办大学的事就此拉开序幕。

弗雷德里克那份呈送给浸信会教育团的明晰而有说服力的报告不仅征服了浸信会，也征服了洛克菲勒，使洛克菲勒的意见终于倾向于西部。洛克菲勒开始投身到建设大学这项伟大的事业中，首先要做的是资助摩根·帕克神学院以及芝加哥大学。

此时，弗雷德里克急于想从洛克菲勒口中得到一个捐款的承诺，但一直没有机会和洛克菲勒交谈。一次，两人正好共搭一列火车去外地，弗雷德里克利用这个机会，从洛克菲勒手中拿到了捐款。对于这次交谈，弗雷德里克可谓是记忆犹新，因为这毕竟是他第一次亲自出面筹得如此大的款项。后来，他还述说过这次筹款的详细过程：

"我一直以为上了火车，就会和洛克菲勒先生有一番长谈，然后我再向他说捐款的事。但是等上车后，我又不好意思开口了，因为那次要筹的钱对当时的我来说实在太多了。我想，应该是由这位标准石油公司的大老板先提出来吧？我认真打量着这位著名的商界铁腕人物。他的穿着简单得体，身上没有佩戴任何饰物，给人一种简洁明快的印象。让我特别难忘的是他付小费的方式。他掏出一把零钱放在桌上，不说给对方多少，而是让他们拿属于自己的数目……

"不久，洛克菲勒先生请我去商量。第一天晚上，我们两人在餐桌上讨论，我告诉他关于建校的款项，芝加哥大学估计需要140万美元左右，但洛克菲勒先生并没有表示自己要捐多少。第二天一大早，我又去见他，然后我们两个在他住宅前的花园里蹀步。洛克菲勒先生先开口提出，他个人可以捐助40万美元，而我希望能再多一点，请他捐出60万美元，洛克菲勒先生沉默了一会儿，当我们由屋前慢慢地蹀到了第五街时，他突然间停了下来，转过身来对我点点头，表示同意。

"当时我感到欣喜异常，尽管后来我曾从他手中接过更多、更巨大的款项，但没有一次能像第一次那样令我开心，尤其在几个月忧心的猜测之下，洛克菲勒先生的那一声允诺，使得那天的早晨也变得更亮丽了。"

1889年5月18日，浸信会在波士顿的提蒙礼拜堂召集全体大会，宣布要资助芝加哥大学、摩根·帕克神学院，并创办一所新学院的消息。接着弗雷德里克代表洛克菲勒宣读了他的来信，告诉教友们洛克菲勒将捐助60万美元作为建校的基金，希望其他教友可以拿出其余的捐款，共同创建这所学校。

后来，芝加哥大学举行校庆，宽敞的礼堂里人山人海，社会各界的名流都来参加，气氛相当热烈。当洛克菲勒到达时，"让我们欢迎伟大的洛克菲勒先生"的声音响彻了礼堂，一阵阵热烈的掌声让洛克菲勒显得有些惊异和激动。也难怪他会有点不习惯，在经商的时候，他所接受的绝大多数是充满敌意或好奇的目光，而受此殊荣，对他来说还是第一次。他感到很满足，也为自己做慈善的事感到很欣慰。

4. 造福全世界的人类

商人仅仅是为了赚钱吗？或许，对于有些商人来说确实如此。但是，洛克菲勒家族却绝对不是为了赚钱而活着的商人。

洛克菲勒在孩子们小的时候就做了很好的榜样，在每天早饭前的祷告中，反复强调要爱人如己。尽可能地利用手中的资源，帮助社会解决贫困、疾病等各种苦难。洛克菲勒在后半生中，将多数的精力与金钱都投放到了慈善事业中，为世界留下了各种医学研究机构、教育机构和贫困救助基金会，这可以说是洛克菲勒留下的最灿烂的"遗产"。

后来，小洛克菲勒执掌企业大权以后，也效仿他父亲，向各类非营利机构捐款。洛克菲勒父子有很强的责任感和使命感，他们要让巨大的财富为全世界的人类服务。

而由洛克菲勒一手组建的洛克菲勒大学一直到今天仍和洛克菲勒家族关系密切。

因为洛克菲勒父子有卓越的远见，他们意识到，研究人体和疾病方面的科学进步对人类的发展有着决定性作用。为此，他们集中起从事心理学、解剖学、生物学和医学领域研究的佼佼者，为他们提供了最好的设备，最舒适的环境，让他们集中精力做研究。在这一群优秀人才的努力下，洛克菲勒大学诞生了众多可喜的医学研究和突破：证明癌症可以由病毒引起；破解了戴维森NA的双螺旋结构的某些谜团；诞生了细胞生物学原理……

这里由众多顶尖科学家分管的近百个实验室是由最初的几个实验室发展而来，他们用最先进的科技，不断刷新着人类对人体和疾病的认知。他们为提高我们对细胞功能的认识做出了贡献，并帮助绘制了人类基因组图，勾画了人类生命的重要特征。这些工作所代表的不仅仅是帮助人类战胜了众多难以治愈的顽疾，还包括人类本身寿命的延长。

现在，洛克菲勒大学依然保持着旺盛的生命力，有二十多位诺贝尔奖得主在这所学校工作，它的医学机构始终保持在世界前几名。洛克菲勒大学的影响力贯穿了整个世纪，它造福了全世界。而这一切功劳，自然也离不开洛克菲勒父子的无私捐献。

5. 洛克菲勒家族与中国的情缘

1914年，中国在孙中山先生的领导下已经推翻了清政府，建立了民主共和政体。但资产阶级民主主义革命其实并没有成功，中国仍是个半封建半殖民地国家，国外强敌虎视眈眈，国内军阀混战连绵，国家陷于四分五裂的状态。之后，北京爆发了黄热病，人民的生活处于水深火热之中。

就在此时，美国驻中国大使威廉·C.戈加斯将军指导洛克菲勒基金建立了黄热病防治会，并致力于消除这种顽疾的工作。不久之后，一幢共有59间琉璃瓦屋顶的房子建立起来了，这幢建筑的位置在清朝裕亲王的王府附近，现在，那里已经建立起一个现代化的医院——北京协和医院。

黄热病防治会是由约翰·R.莫特动员理事们创立的一个医学会。在他们的计划中,黄热病防治会不仅是为了防治黄热病,还将打造出一个"中国的约翰斯·霍普金斯医学院",同时它也会成为亚洲一流的医学院。

其实,当初决定在中国设立医学会,洛克菲勒本人并不是太上心,他甚至怀疑在那样一个动乱的国家能否建立起一个像样的医学院。而莫特则坚持认为这正是在中国建立医学院的好时机。

面对一个情势混乱、政局不稳的国家,做决定不是件容易的事。但莫特一直相信自己的选择,他在洛克菲勒基金会的发表讲话中说:"中国拥有四亿人口,这是世界上任何一个国家都不可比拟的。现在,这个国家的各项事业都处于发展初期,更早进入这个国家的人或事业,就会对这个国家的制度规定产生更深的影响。现在这个国家正处于动荡时期,但我相信,这种局势很快就会结束。如果到那时我们再进入中国,恐怕为时已晚。现在中国北京爆发了黄热病,这正给了我们一个进入中国发展的机会……"莫特这一席精彩的讲话,让基金会的董事们同意了在中国建立医学院的请求。

由于莫特见识深远,美国总统伍德罗·威尔逊还曾邀请他担任美国驻中国大使,但被他婉言谢绝了。相比于驻中国大使这个受政府约束的角色,莫特更倾心于与弗雷德里克等人共同经营的洛克菲勒国际慈善机构。黄热病防治会建立后,莫特全身心地投入到工作之中,为北京黄热病的防治和医学院的建立出了很大的力。

而作为黄热病防治会的幕后资金支持者,洛克菲勒的作用显然更大。虽然洛克菲勒没有来过中国,但他依然和中国结下了不解情缘,帮助很多中国人摆脱了疾病的困扰。

6. 慈善社会卫生局

洛克菲勒在幕后操纵着基金会、医学研究和普通教育委员会等的一切。他就像是隐居在皇宫里的老国王一样，而小洛克菲勒则是继任的新国王，在事业的一线指挥着员工们"作战"。说起新旧"国王"的交替，我们不得不提一个慈善机构——社会卫生局，社会卫生局对小洛克菲勒来说具有十分特殊的意义，

1909年，纽约市长大选正在如火如荼地进行中，展开竞争的各方唇枪舌剑。而有关卖淫的一些问题更是成为风口浪尖，当时政府为了调查有关娼妓的问题还成立了一个特大陪审团，由陪审团对民众在娼妓问题上的观点进行一个详细的调查。小洛克菲勒受邀担任陪审团的陪审长。

小洛克菲勒对担任陪审长一职十分认真、严肃，他全力以赴地工作，其干劲之大，让周围的同事都深感吃惊。他们想不到一个亿万富翁会如此认真地对待这样一桩小事。就连小洛克菲勒自己后来回忆这件事时也说："这一生，我都没有像那样努力工作过。"虽然陪审团最后的工作不仅拖后，而且另拟的报告也未获批准。但小洛克菲勒依然热情不减，不仅坚持独自实施计划，还亲自去抓各种细节工作。

小洛克菲勒以高涨的热情开展了这份工作，为此他拜访了上百位知名人士，包括教育家、艺术家、企业家等，广泛地征求他们的意见。为了更系统地调查和总结娼妓问题，小洛克菲勒决定成立一

个专业的调查机构，为此，他的工作更加忙碌了。

经过一年多的努力，1911年，小洛克菲勒终于建立起了社会卫生局。卫生局成立后，洛克菲勒立即组织人员对欧美各国存在的娼妓问题进行了详细的考察。考察队由亚伯拉罕·弗莱克斯纳带领，进行了两个多月的出国考察。

考察结束后，亚伯拉罕立即返回了纽约，向社会卫生局提交了自己的结论：其实要很好地控制娼妓这种事并不难，首先是不能禁绝，完全禁绝的效果远远比不上使它转入一些特定的地点，这样即使不能从根本上杜绝它，至少也能在社会上起到一定的隔离作用。此外，他还提出，要想了解卖淫问题，政府必须重新审视它，然后制定新的法令法规，避免其肆意泛滥。

后来，为了更深入地了解娼妓问题，小洛克菲勒专程安排自己得力的助手福斯迪克去欧洲，对警察在娼妓行业的执法方式和量度进行国际性的考察。不久，福斯迪克回到美国，在这次考察中，他印象最深的是美国警察和专业化的欧洲警察相比太自由散漫，没有统一的执法标准。为此，福斯迪克还出版了一部著作，书中详细描述了欧洲警察是如何管理娼妓行业的，而这本书在无意间对美国现代警察制度起到了很大的促进作用。

后来，纽约市警察局能与小洛克菲勒创建的社会卫生局合作，也是得益于福斯迪克的这部研究性著作。有段时间，警察局长阿瑟上校在研读与警察和警察制度相关的著作时，看到了福斯迪克的著作，之后，他开始关注社会卫生局的动向。在社会卫生局的推动下，阿瑟上校开始积极采取措施以优化对警察工作的管理。

十几年后，《幸福》杂志在提到纽约市警察局所做的努力时写道："社会卫生局在'犯罪侦查科学'的发展上功不可没，致使联邦调查局的调查员约翰·埃德加·胡佛也把当前联邦制度所取得的很多成果归功于它的调查工作。"

社会卫生局的成功创建，又为小洛克菲勒的经营和管理企业的能力加分了。经过妥善处理"勒德洛惨案"的善后事宜，再加上用心创办慈善事业等活动，这一系列大事件的妥善处理和精彩表现，标志着小洛克菲勒已经完全从父亲的荫庇下解脱出来了，也预示着洛克菲勒家族将以优良的姿态跨入新时代。在小洛克菲勒获得荣誉的同时，家族的领导权随之尘埃落定。

小洛克菲勒一直凭借着自己的努力，而不是依靠父亲的力量，现在的他已逐渐成为美国的重要人物之一，已经从一颗冉冉升起的新星，渐渐升至明月中天，开始光芒四射了。

7. 移交给儿子的财富

进入20世纪后，洛克菲勒的几项慈善事业一直在稳步发展。看到儿子把慈善事业管理的有条不紊，洛克菲勒觉得，把家族的财产移交给儿子的时机已经成熟。

1917年，他开始陆续地进行公司财产的移交工作。当然，洛克菲勒并不是一次性将全部财产移交给儿子，而是要求儿子先要证明自己配领这份钱，然后才分期分批地交给他。

洛克菲勒交给儿子每一笔钱的时候都会附带一封简短的信。1917年3月17日那天，洛克菲勒的信是这样写的：

亲爱的儿子：

　　我将给你印第安纳标准石油公司的股票2万股，资金3千万美元。

　　你最好及早去办过户手续。

爱你的父亲

　　小洛克菲勒从不把这些财产看作是理所当然的继承，每接受一笔钱，他就感觉到父亲对自己的信任与支持，他开始更加用心地去经营家族事业。看到儿子如此努力，洛克菲勒非常欣慰，开始不断地把手中的股票、证券、现金等交给儿子。截至1922年底，洛克菲勒移交给儿子的财产和证券已达四亿美元以上。小洛克菲勒也总是不负父亲所望，把所有的财产和公司事务打理的井井有条，让家族的兴旺得以延续。

　　期间，虽然小洛克菲勒的其他几个姐姐也继承了一大笔遗产，但显然，洛克菲勒家族依然是长子继承制，只有小洛克菲勒承袭了家族的姓氏，担当起家族的重担。所以，他继承的财产之巨，也是他的姐姐们远远无法相比的。

　　而洛克菲勒家族的资产在小洛克菲勒的管理下，建立了洛克菲勒基金会以及其他几项慈善事业，它们在当时起到了其他任何机构都无法比拟的作用。这些慈善事业活动在人们生活的很多方面都产生了积极的作用，促进了社会的发展。但是，当我们深入到这个问题的实质时，就会发现在慈善的背后，其实也掺杂着一些个人目的。

　　洛克菲勒的捐赠最初主要是为了缓和人们对洛克菲勒家族广泛的敌对情绪，这一目的他达到了，同时，经济上的动机也绝不可忽视。20世纪初的美国，国家征收高额所得税。收入越高，缴纳的税款也越大。大富豪们把数以十亿计的款项作为慈善基金，同时保留对基金的控制权，这样可以不用纳税而保有自己的财产，在当时，这可以说是富豪们避免缴纳大笔税款的一个绝佳选择。

全美国目前的基金数额已达几百亿美元，种类有几千个之多。其中占统治地位的有福特基金、洛克菲勒基金和卡内基基金。这三大基金会都是在20世纪早期成立的。

到1955年为止，福特基金拥有30亿美元的资产，这些资产几乎全都是福特汽车公司的股票。洛克菲勒基金有5亿美元，它在为洛克菲勒财团保持大量标准石油公司股票方面起着重要的作用。卡内基基金有2.5亿美元，其中多是摩根财团的银行股票。

但不可否认的是，大笔慈善基金的注入，让洛克菲勒这样的富豪们在实现个人目的的同时，也确实为社会做出了巨大的贡献。他们改善了社会的教育和医疗环境，影响了社会文明的进程，让美国甚至整个世界都受益其中。

1926年，小洛克菲勒的重要导师弗雷德里克退休了，他离开了凝结了自己一生大部分心血的洛克菲勒慈善机构。在离去之前，弗雷德里克预料这个机构有朝一日一定会成为像标准石油公司一样具有权威性的机构。他的预见没有错。到了洛克菲勒家族的第二代和第三代，这些慈善机构发挥的作用和影响之大，绝不亚于家族的石油和金融企业。通过各种名目的基金会，小洛克菲勒和他的子女们成了美国闻名遐迩的大慈善家。

第十章 一代商业巨星的陨落

1. 安详自在的晚年生活

在洛克菲勒晚年的时候，孙子和外孙们很喜欢去他家。因为孩子们总是玩性大，他们觉得祖父家好玩的东西比较多，而且祖父洛克菲勒也很喜欢陪他们玩。另外，当顽皮淘气的孩子们耍一些奇怪的花招时，祖父也能付之一笑，从来不会责骂，更不会体罚他们。从这一点来看，他们的祖父远远要比父亲宽容。

随着时间的推移，孩子们都长成少年，他们仍喜欢在周末或者某个节日去祖父家吃晚饭。他们在那里享受到的是随心所欲的吃喝玩乐，边吃边聊，没有人催他们，也没有人管他们。还有，他们能一边吃饭，一边听祖父讲故事。

在孩子们的眼中，祖父是最伟大的故事大王，比家喻户晓的幽默大师维尔·罗杰斯讲得都好。洛克菲勒吃完饭，然后在大家吃甜点的时候，就要开始他的故事了。

洛克菲勒的故事大多讲的是一些简单的生活小故事，讲到哪里算哪里，从来不会带有任何死板的说教，为此孩子们更是十分喜爱。每次洛克菲勒讲故事的时候，他们都会安静下来仔细听。

洛克菲勒最常为孩子们讲的是一则醉酒的人的故事，孩子们可以说是百听不厌。这个故事主要是讲一个好心的人，这个人有一个缺点，就是太爱喝酒。一个黑夜里，他喝醉后不慎跌进了市镇广场的水槽里，他拍打着水，高声呼救。而且每当讲到这里的时候，洛克菲勒便在空中挥动双臂，嘴里喊着"救命，救命"，惟妙惟肖地模仿着那个醉鬼的窘境。最后，镇上的警察跑到出事地点，伸手去救那个落水者，可是那个醉汉却又高喊："不，不，先救女人和孩子。"可那个女人和孩子根本就没有落水。这个故事总是能把大家逗得哈哈大笑。

随着接触的时间越来越长，洛克菲勒的每一个孙子都对他的沉着、耐性和慈祥留下了深刻的印象。年轻时，洛克菲勒是个少言寡语的人，可到了晚年却很喜欢讲话、与人聊天，几乎总有客人同他一起吃饭、坐汽车出游或打高尔夫球，这可能是受到孩子们的影响吧。

晚年的洛克菲勒还有一点是出了名的，那就是喜欢向碰到的路人施舍10美分。他这样做的原因并不是美化自己的形象，而是为了借机和别人谈话。他常常会对被给予钱的人说："只要你身上有10美分，你就不是穷人。"有朋友劝他不要这样做，怕影响他的形象，可他还是坚持每天乘车出游时载路上搭便车的与和他们交谈。或许此时的洛克菲勒早就不在意什么形象、金钱了，只凭自己的喜好去做一些想做的事。

显然，此时洛克菲勒在心态上已经有了很大的改变，变得更加安详自在了。但无论怎么变，他那细致、缜密的性格却是不会变的。即使到了晚年，洛克菲勒每天还是给自己制定了详细的作息时间表，并严格按照时间表上的内容去活动。不管是吃饭、睡午觉、散步、坐车出游、打高尔夫球，还是处理业务都极少变动。有一次他过生日时送给报社一份旅行记事，与一张生活作息表，上面写着：6:30起床；7—8点看报；8—8:30吃早饭；8:30—8:45聊天；8:45-10点处理业务事项；10—12点打高尔夫球；12—1:15洗澡和休息；1:15—3点吃午饭，并玩数字游戏；3—5点坐汽车出去散心；

5—7点休息，听别人读书、报；7点吃晚饭；8—10点玩个小游戏，听一些舒缓的音乐；10点就寝。

这就是晚年洛克菲勒的全部生活内容，他最喜欢做的娱乐项目已经从骑马变为了打高尔夫球。洛克菲勒每天都打高尔夫球，其热情经久不衰，这或许是因为高尔夫球运动是最能体现出他的性格的一种运动：沉着、准确和稳重。

在19世纪末，高尔夫球刚刚开始在美国风行。一次宴会上，洛克菲勒和妻子劳拉在友人的鼓励下，玩了几杆高尔夫球。学了几次以后，洛克菲勒竟爱不释手，之后他在波坎蒂科庄园的主宅旁边，建了一个4个洞的小型高尔夫球场。他不但请了名师来教授，而且想尽各种办法提高球艺。他曾对友人说："高尔夫球也不是那么简单，想要打得好，必须要下工夫，多玩、多练。"

他每天都打高尔夫球。风雨无阻，即使冬天的积雪深达几英寸，他派一队人铲除球场上的积雪后，还是坚持打。他打球是因为兴趣，也是为了运动，通常是一个人打，从每个发球处打五六下，随后在最好的位置开始击球。

有时他和友人一起玩，但他的球友不多。当弗雷德里克劝他应该多邀请些朋友来玩时，洛克菲勒道出了有钱人共有的苦衷："你如果以为我不想邀请朋友一起玩球，那你就错了。我早就试过了，可惜结果都千篇一律地令我失望。那些人个个都不是为了和我打球，他们多半到第九个洞的时候就开始向我提要求，不是希望我捐献就是要货款，或者商量商业上的一些琐事……"

因为很少有朋友陪伴，洛克菲勒的晚年看上去是有些孤独的，但幸好他有一个团结和睦的大家庭，有深爱着他的妻子和孩子们，让他的晚年多了几分欢声笑语。这是洛克菲勒最欣慰也是最骄傲的事。

2. 长寿的秘诀

　　1909年，洛克菲勒步入70岁的时候，身体依然非常健硕，美国的《哈泼周刊》曾描述说：洛克菲勒先生虽已年届70，他仍然是个魁梧的体育健将。明亮的眼睛、泛红的双颊、被太阳晒得呈古铜色的皮肤，看上去他只有50岁的模样。

　　在洛克菲勒70岁生日那一天，洛克菲勒的私人医生在全面检查了他的身体之后说："洛克菲勒先生身体健壮，起码可以活到一百岁。"这一预言几乎成真，洛克菲勒最终活到了97岁，成了他那个年代惊人的寿星。

　　洛克菲勒的长寿秘诀有三：一是不忧愁，不烦恼，凡事向前看，保持心境愉快。二是坚持有规律的户外运动，打高尔夫球和乘车外出散心对他的长寿到起了很关键的作用，使他退休前一度糟糕的健康状况很快得到改善。三是有节制的饮食。

　　洛克菲勒的孙子们还都记得，祖父在85岁高龄时，还能把高尔夫球从发球处一杆打进一百多码外的球洞。孙子们在十几岁的时候都曾与祖父对打过。这些精力充沛的孩子力气很大，能打出较多的左曲球和斜击球，祖父与他们平等比赛，只不过在记分时利用一下他的年龄特权。当一个球打得不如意时，他就对替他背球棒的球童说："奥古斯丁诺，我想我要再打一下。"当然，谁也不会计较他打坏的那一杆。

　　不知不觉间，洛克菲勒已经步入了90岁的高龄。他依然坚持每天的活动，只是每项活动的时间不得不缩短了：高尔夫球从打第九球洞到打第六球洞，后来又减到第四球洞。每天散步和社交聚会也以不疲劳为准，更多的时间，他必须休息，以恢复体力。但他从没有因此哀叹过，以平静的心态接受衰老的事实。

因为声望和年龄的日益增长，洛克菲勒的生日成了当地的一件大事。每年他过生日的那一天，除了家人和朋友外，还有很多商业后起之秀以及新闻记者端着摄影机来到他的生日宴会上。这时，洛克菲勒常常会斜戴着礼帽，笑眯眯地露面，偶尔也发表一番严肃的祝词："上帝保佑标准石油公司，上帝保佑我们大家……"

孩子们在他生日那天都会跑出来，一面观看乐队演奏，一面高兴地把冰淇淋和蛋糕吃个干净。在生日宴会结束后，他们还会围着祖父玩闹个不停，就像是过圣诞节一样。而洛克菲勒的儿女则恭敬地站在旁边，和母亲劳拉聊聊天或听听洛克菲勒的教诲。看着自己家族的繁荣昌盛，洛克菲勒深感欣慰。

1915年，与洛克菲勒共同生活50年的妻子劳拉去世了，洛克菲勒并没有表现得太过悲伤。他仍旧独自住在波坎蒂科庄园里，继续过他平静的日常生活。他一天的生活，还是以巡视厨房向厨子们问好开始。这也可以说是洛克菲勒的一大特点，他不爱回忆往事，特别是痛苦的事，而是面对现实，接受现实。孙子孙女们也逐渐发现了这一点，祖父几乎没有谈过自己的过去，从来没听他提起过大名鼎鼎的标准石油公司，他只对现在正发生和将来可能要发生的事有浓厚的兴趣。这一点也被洛克菲勒家族视为家风：决不为往事烦恼。

3. 抵达生命的终点

1937年，这位生活了近一个世纪的老人走到了生命的终点。

他的身体已经很虚弱，每天必须坐在轮椅上才能保持气力。但他没有得病，而且还能照常接待朋友和客人，愉快地干着自己的事情。5月20日，医生检查他的身体时，并未发现什么异常。最后一个周末，洛克菲勒还在花园里晒太阳，和司机8岁的小女儿闲聊。可是当天夜里，他对秘书沃德·麦迪逊说："我很疲劳。"便进屋休息了。

过了午夜，他开始昏迷，虽然只是轻微。凌晨2点钟的时候，他叫贴身男仆约翰·约尔第将他的床稍稍抬高。这时大夫已经赶到，在大卧室中为他装上了氧气瓶和一些医院设备，他的大夫、夜班男护士、贴身男仆和管家范尼·埃文斯夫人守在他的身边，准备随时应对突发情况，但显然，洛克菲勒已经无法抢救。

凌晨，他悄无声息地离开了，享年97岁，那一天，是5月23日。守护在他床边的私人医生向记者们描述这位标准石油公司创始人逝世的情况时说："他的心脏逐渐停止了跳动，脉搏开始变得虚弱和不规则，呼吸越来越微弱，最后在4点零5分停止了呼吸。"

洛克菲勒的直系亲属都不在身边，临终前他没有和任何人说话，孤独地去世了。当儿子小洛克菲勒焦急地赶来时，他的老父亲已经闭上了眼睛。1937年，小洛克菲勒主持的一项巨大的建筑工程：洛克菲勒中心的14幢大楼已接近完工，他为父亲没能见到这群宏伟的建筑而感到难过和遗憾。

洛克菲勒死亡的原因是心肌硬化，发病的原因自然是由于年龄过高，身体的各个部分都已经老化所致。可以说，洛克菲勒是真正的寿终正寝。

4. 发讣告致哀

洛克菲勒去世后，儿子小洛克菲勒发出电文，让自己所有的子女回家参加丧礼。接着，他又发出了两份内容相同的电报，给两个在伦敦和瑞士的姐姐：在仅仅几小时的虚弱后，老太爷已于今天清晨逝世。他逝世时的模样和活着时一样的安详愉快⋯⋯

在洛克菲勒去世的"窗菲"住宅里，23名男女雇工和几位亲密朋友，举行了简短的宗教仪式，随后把尸体装运送回纽约的洛克菲勒庄园。庄园的大门被关闭起来，禁止公众和记者进入。

第二天，在主宅的中央大厅里，洛克菲勒家族的所有成员和约300名雇用人员又举行了一次简单的丧礼，一位礼拜堂的牧师念诵了《圣经》上的文句，教堂风琴手用洛克菲勒心爱的那架皮管风琴弹奏他心爱的几首赞美诗。

上午11点钟，洛克菲勒家族所有的企业全部停止工作，员工们默哀5分钟，向公司伟大的创始人致敬。

第二天，在直系亲属的陪伴下，洛克菲勒的遗体下葬在他石油事业的起始点——克利夫兰的湖景公墓，在那树木葱郁的山坡上，和他的妻子劳拉并排安葬在一起。他的坟墓上只有一块28英寸宽、

14英寸长的简单的墓石。

1937年，正是商业遭受打击，并引发大萧条的时期，股票市场正处于历史上最低的低潮之中。他的逝世引起了不小的轰动，当天的报纸、杂志和刊物上都是关于他离世的大字标题新闻，他生平的事迹被报纸整页整页地报道。作为讣告，有人将洛克菲勒生前写的唯一一首小调做成了诗文：

我学习工作也学习享乐，

我的生命就是漫长愉快的假日，

充满工作，充满享乐，

上帝日日保佑我。

在生前，洛克菲勒是一个有争议的人物，既被人尊敬，又被人藐视甚至痛恨。但在他去世的这一刻，所有人的心中都只剩下尊敬和哀悼，默默地去祭奠这位伟大的工商业巨头。

附录

洛克菲勒生平

约翰·戴维森·洛克菲勒，标准石油公司创始人，是世界著名的实业家。在19世纪的美国，那个资本主义的"镀金时代"，他一手创造了自己的商业帝国，是一位极其成功的超级资本家。

1839年7月8日，洛克菲勒出生于纽约里奇福德镇。他的父亲是一个复杂的人，先是做江湖游医，整日在外面兜售假药，后来又开始经商，销售木材、倒卖土地、动物毛皮、推销杂货……虽然他不是一个可靠的人，头脑却十分精明。他的母亲则截然不同，她是一个勤劳、质朴又很节俭的人，是一位非常虔诚的基督教徒。在年少的洛克菲勒心里，对这样的家庭或许是心存不满的，但不容置疑的是，他从父母身上学到了很多长处，这些东西在他以后经商的过程中，有着很大的帮助。

1853年，由于洛克菲勒的父亲犯了法，他们不得不举家搬到了俄亥俄州西部的克利夫兰市。洛克菲勒也因此转学至当地的学校。1855年，洛克菲勒中学毕业，他花了三个月的时间在一家学校学习了一些会计技能。但是，因为市场不景气，洛克菲勒一直没有找到工作。在经过一个半月的求职后，9月26日那天，洛克菲勒终于被休威特—塔特尔公司录用，在那里做簿记员。9月26日，被洛克菲勒看作是纪念日，一生都极为重视。他的慈善事业也是从此开始，当时洛克菲勒的薪水虽少，但他还是坚持把薪水的十分之一捐献给慈善事业。洛克菲勒很热爱这份工作，工作十分努力，因此他学习到了很多东西。洛克菲勒的努力获得了优秀的工作能力，得到了老板的赏识，职位连续升迁。

工作了三年之后，18岁的洛克菲勒辞去了工作，并筹集了1800美元和年长自己近10岁的莫里斯·克拉克合伙成立了克拉克—洛克菲勒公司，经营农产品批发的高风险生意。到了1862年，公司获得了17000美元的利润，此时洛克菲勒也开始关注石油行业。

一年后，原油价格在一夜之间暴跌，洛克菲勒迅速决策，准备将公司业务重心转向原油提炼，并揽入了化学家安德鲁斯为另一位合伙人。

1864年，洛克菲勒与劳拉结婚。他们一共有四个女儿和一个儿子，唯一的儿子就是小洛克菲勒，在以后成了洛克菲勒家族的继承人。

1865年，洛克菲勒和克拉克对于公司的经营方略产生了严重分歧。最终，洛克菲勒想方设法筹措资金，以高价将克拉克的公司股权悉数买了下来。至此，他已掌握了公司完整的资本，拥有了自己的炼油厂。

1870年，洛克菲勒在克利夫兰创建了标准石油公司，注册资产为100万美元，洛克菲勒说："终有一天，所有的炼油业务都将归属标准石油公司。"此后仅仅两年时间，他便兼并了该地多家炼油厂，控制了俄亥俄州炼油业的九成以及所有输油管道，同时还掌控了宾夕法尼亚铁路的全部油车。接着，洛克菲勒又收购了新泽西一家铁路公司，使纽约、费城等城市的石油商纷纷向他臣服。

8年时间里，标准石油公司在炼油业所占的份额从全美国的4%一路增至95%。标准石油公司几乎控制了整个美国石油业和大部分铁路运输。1882年，标准石油公司成为世界上第一个垄断组织——

标准石油托拉斯。洛克菲勒财团的势力和影响达到了前所未有的高度。

1890年，年近60岁的洛克菲勒开始退居二线。他逐渐把公司日常的管理工作移交给了别人，自己搬到了纽约北部的福里斯特山居住，并热衷于一些休闲活动，常常打高尔夫球、骑马……

1897年，洛克菲勒交出了公司的管理权，但仍保留了其总裁之名。1897年以后，他开始将更多的精力投入到慈善事业中。在慈善方面，他主要听取弗雷德里克·T. 盖茨和自己儿子小约翰·戴维森·洛克菲勒提供的建议。

1937年5月23日，在离98岁生日还差两个月时，洛克菲勒在佛罗里达州过世，埋葬于故乡俄亥俄州克利夫兰的湖景墓园。

洛克菲勒年表

1839年7月8日，出生于纽约州里奇福德。

1843年，随父母搬迁到摩拉维亚镇。

1846年，7岁的洛克菲勒开始卖火鸡赚钱。

1851年，贷款给农民赚利息。

1853年，随父母搬迁到俄亥俄州的克利夫兰。

1855年9月26日，高中毕业，到休威特—塔特尔商行任簿记员。

1856年，因其工做出色被老板加薪。年薪500元。

1858年，辞去簿记员职务，并与莫里斯·克拉克共同创立克拉克—洛克菲勒经纪商行。

1860年，开始勘查石油行业。

1861年，投资安德鲁斯—克拉克炼油公司。

1864年9月8日，与俄亥俄州议员斯佩尔曼的女儿劳拉结婚。

1865年2月2日，买下安德鲁斯—克拉克炼油公司，正式投身石油业。

1866年，派遣弟弟威廉开拓欧洲市场。

1867年，弗拉格勒加入洛克菲勒—安德鲁斯公司，成为洛克菲勒的重要合作者。

1870年1月10日，创立股份公司：标准石油公司。

1872年，与史考特等人秘密组建"南方开发公司"。

1874年，独生子小约翰·D.洛克菲勒出生。

1875年，在萨拉托加召开密会。

1879年，吞并泰特华德油管公司，同年标准石油公司控制全美石油生产的90%。

1880年，标准石油公司控制全美石油95%的份额。

1882年1月2日，标准石油托拉斯成立。

1890年7月2日，《谢尔曼反托拉斯法》颁布，洛克菲勒的标准石油托拉斯被迫解散。

1896年，不公开退休。

1899年6月19日，新泽西标准石油控股公司成立。

1901年，洛克菲勒医学研究所成立。

1906年，密苏里法庭接到控告新泽西标准石油公司一案，洛克菲勒被迫出庭做证。

1911年5月5日，美国最高法院宣判标准石油公司解散。

1913年，洛克菲勒基金会成立。

1922年，完成财产移交。

1937年，逝世，享年97岁。